Das Begleitbuch zur
Südwestrundfunk-Fernsehserie

Die Fallers privat

Die Menschen und ihre Geschichten

Texte: Renate Heyberger und
Hans-Albert Stechl

Fotos:
Peter Schell: 6/7, 10/11, 30
Telemach Wiesinger: 13, 21, 27, 35, 41, 49, 55, 63, 69, 77, 83, 91
alle übrigen: Südwestrundfunk, Baden-Baden

4. Auflage

G.BRAUN BUCHVERLAG
Karl-Friedrich-Straße 14–18, 76133 Karlsruhe

„Die Fallers"
© SWR Media GmbH
© 1999 by G. Braun GmbH & Co.
© 2001 by DRW-Verlag Weinbrenner GmbH & Co.

Konzeption:
Helmut Rapp (SWR)

Die Deutsche Bibliothek – CIP-Einheitsaufnahme

Die **Fallers privat** : die Menschen und ihre Geschichten ; das Begleitbuch zur Südwestrundfunk-Fernsehserie / Texte: Renate Heyberger und Hans-Albert Stechl. – Karlsruhe : Braun, 1999
ISBN 3-7650-8220-1

Inhalt

Die Fernsehfamilie Faller _____ 9

»Wilhelm«
Lukas Ammann _____ 12

»Hermann«
Wolfgang Hepp _____ 19

»Johanna«
Ursula Cantieni _____ 26

»Karl«
Peter Schell _____ 33

»Christina«
Carmen-Dorothé Moll _____ 40

»Kati«
Christiane Bachschmidt _____ 47

»Eva«
Tanja Schmitz _____ 54

»Bernhard«
Karsten Dörr _____ 61

»Monique«
Anne von Linstow _____ 68

»Alex«
Folkert Milster _____ 75

»Heinz«
Thomas Meinhardt _____ 82

»Franz«
Edgar M. Marcus _____ 89

Auf zum Fallerhof!

Die Fernsehfamilie Faller

Woche für Woche kommen sie via Bildschirm in die Wohnzimmer von über einer Million Zuschauern, und das seit 1994. In bislang mehr als zweihundert Folgen haben uns die „Fallers" an ihrem Alltag teilhaben lassen: an Freud und Leid, an ihrer Arbeit und an ihren Problemen, an ihren Festen und Feiern ebenso wie an ihren Familienkrächen – eine Fernsehfamilie, aber so normal wie aus dem richtigen Leben!

„Die Fallers" ist die erfolgreichste Serie im Südwesten. Und daß diese Serie des Südwestrundfunks so erfolgreich ist, liegt zu einem guten Teil gerade an dieser Normalität: nichts ist aufgesetzt, nichts ist unglaubwürdig, nichts ist um eines billigen Gags willen an den Haaren herbeigezogen. Vielmehr werden Dinge so gezeigt, wie sie jedem selbst passieren können oder schon passiert sind. Auch deshalb sind die Figuren den Zuschauern mittlerweile vertraut, ja ans Herz gewachsen, man kann sich mit ihnen identifizieren: Wilhelm – altersweise und mit Witz und Charme gesegnet; Hermann – grantelig, aber mit weichem Kern und als Bürgermeister streitbar; Johanna – das Zentrum der Familie; Karl – der als Jungbauer, neben den privaten Problemen mit seiner Frau Christina, auch die Sorge und Verantwortung für die Zukunft des Fallerhofes trägt; Christina – die Jungbäuerin mit eigenen Vorstellungen; Kati – die privat nicht immer alles auf die Reihe bekommt; Eva – die heranwachsende junge Frau, die weiß, was sie will; Monique – personifizierter französischer Charme, die sich auf dem Bauernhof erstaunlich wohlfühlt; Alex – der um seine Rolle in der Großfamilie kämpfen muß; Bernhard – der jüngste Faller-Sohn, inzwischen beruflich erfolgreich, dessen Herz noch immer an Monique hängt; Franz – dem die Rolle des Schurken zugewiesen ist; Heinz – der Missionar in Afrika, der mit seinen gelegentlichen Besuchen immer auch neue Denkanstöße in den Hochschwarzwald bringt.

So kennen wir sie alle. Aber welche Menschen stecken hinter diesen Figuren? Was macht Johanna Faller alias Ursula Cantieni eigentlich privat? Brummelt Hermann Faller alias Wolfgang Hepp auch bei sich zu Hause vor sich hin? Und ist Wilhelm Faller alias Lukas Ammann auch als Privatmann ein begeisterter Maskenschnitzer? Alles Fragen, die von vielen Faller-Fans immer wieder gestellt werden. Nun kann man die Antworten nachlesen. In diesem Buch, das alle Hauptdarsteller sehr persönlich porträtiert. Und das natürlich auch der Frage nachgeht, was im Kopf eines Schauspielers passiert, wenn er auf der Straße mit seinem Rollen-Namen angesprochen wird und sich Realität und Fernseh-Fiktion urplötzlich miteinander vermischen ...

Die Autoren bedanken sich bei den Schauspielerinnen und Schauspielern für viele spannende Gespräche, die auch einen Blick in ihr Privatleben ermöglicht haben.

Willkommen daheim!

»Wilhelm«
Lukas Ammann

Es gibt sicher nicht viele Menschen, die an ihrem 85. Geburtstag noch mitten im Berufsleben stehen. Und es gibt wohl kaum jemanden, der diesen 85. Geburtstag im Abstand von wenigen Wochen gleich zweimal feiern kann. Lukas Ammann ist so ein seltener Glückspilz. Kaum hatte er als Wilhelm Faller seinen Jubeltag hinter sich gebracht – auf Druck der Fernseh-Familie mehr oder weniger gezwungenermaßen –, stand für Lukas Ammann schon die nächste 85er-Feier im Kreise seiner eigenen Familie ins Haus. Weil die Dekoration für das Fest noch in den Baden-Badener Studios aufgebaut war, feierte man den „echten" Geburtstag auch gleich dort, in der Kulisse der „Fallers", mit dreistöckiger Geburtstagstorte und einer großen Festgemeinde. Und wie es sich für einen solchen Geburtstag gehört, gab es auch Überraschungsgäste: Ammanns frühere Frau war mit Kindern und Enkelkindern aus Uruguay angereist, eingeladen von Ammanns jetziger Frau, der Sängerin Liselotte Ebnet, mit der er seit 40 Jahren verheiratet ist. Und so saßen sie alle beieinander und feierten ein großes Fest, die Münchner Familie und die Verwandtschaft aus der Schweiz, die Freunde und die Familie aus Uruguay und die Darsteller der Filmfamilie, die auch mit von der Partie waren ...

Wilhelm Faller und Lukas Ammann. Das Alter haben sie gemeinsam, eine große Familie, vielleicht den einen oder anderen Wesenszug, die eine oder andere Erfahrung. „Ich finde die Figur gut, ich habe sie gern. Ein bißchen ähnelt mir der Wilhelm auch, im Charakter. Auch ich bin manchmal bockig, kann leicht aufbrausen. Aber ich bin nicht ‚er'. Ich bin Schauspieler. Ich muß einen Menschen darstellen können. Ich muß die Technik beherrschen, ihn so glaubhaft wie möglich darzustellen. Ich muß nicht fühlen, fühlen muß das Publikum. Ich muß nur ein Gefühl umsetzen in die Darstellung dieses Gefühls. Das heiß nicht, daß mir der Wilhelm fremd ist, im Gegenteil. Ich schätze seine guten Eigenschaften, und ich akzeptiere seine schlechten. Ich mag seine Knorrigkeit und seine Ehrlichkeit. Natürlich bemühe ich mich auch, etwas von mir in die Figur einfließen zu lassen, eine gewisse Leichtigkeit, ein bißchen Humor. Stellen Sie sich vor, es gäbe keinen Humor! Humor ist überlebenswichtig. Ich meine das Heitere, Komödiantenhafte, nicht die plumpen Kalauer. Komik ist nur erlaubt, wenn sie intelligent ist, wenn die Pointen richtig gesetzt sind. Solange der Wilhelm diese Art von Komik, diesen Humor behält, ist er auch ‚meine' Figur, unabhängig davon, wie nahe ich mich seiner Lebensgeschichte fühle."

Als Lukas Ammann gefragt wurde, ob er die Rolle des Wilhelm Faller spielen wollte, war er so überrascht, daß er erst einmal Bedenkzeit brauchte. „Ich war mit meiner Familie im Tessin, als der Anruf aus Baden-Baden kam. Als man mir die Rolle des Bauern anbot, war ich erstmal sprachlos. ‚Schau meine Hände an', sagte ich zu meiner Frau, ‚und schau mich an. Ich war mein Leben lang ein ‚schmales Handtuch'. Ich habe nie Sport gemacht, habe nie eine Schaufel in die Hand genommen. Wie soll ich einen Bauern spielen?' habe ich gefragt. Wir alle haben uns riesig

amüsiert bei der Vorstellung. Mein ganzes Leben lang habe ich immer die ‚Bösen' gespielt oder die Komischen oder die Bonvivants. Und jetzt ein Bauer. Als die Unterlagen mit den Informationen zur Serie kamen, habe ich ‚nein' gesagt."

Es bedurfte längerer Überredungskunst, um Lukas Ammann wenigstens zu Probeaufnahmen zu bewegen. Für das Casting hatte er sich einen Schnauzer ins Gesicht geklebt, um sich dahinter zu verstecken, wie er sagt. Aber auch das hat nichts genützt. Nach vier Wochen kam die Nachricht, daß man ihn für den Großvater wolle und keinen anderen. Nachdem Ammanns Frau die Probeaufnahmen angesehen hatte und ihren Mann in der Rolle „richtig" fand, ließ sich der Schauspieler schließlich auf den Wilhelm ein. Denn sie, so Ammann, „kann mich besser beurteilen als ich mich selbst".

Lukas Ammanns lange bewegte Lebensgeschichte unterscheidet sich gravierend von der Biographie eines Schwarzwaldbauern. 1912 wurde er als Sohn eines Kunstmalers und einer passionierten Reiterin in Basel geboren. Die Mutter starb sehr früh, und neben dem Vater spielte die Großmutter fortan eine wichtige Rolle. Die Großmutter war es auch, die Lukas' erste Begegnung mit der Schauspielerei herbeiführte. Sie hatte ein Abonnement für das Stadttheater, und eines Tages, im Jahre 1918, nahm sie den Enkel mit in eine Vorstellung. Auf dem Spielplan standen Schillers „Räuber", und die Aufführung beeindruckte den kleinen Lukas gewaltig. Besonders der „Franz Moor", der Schurke in dem Stück, hatte es ihm angetan. „Ich weiß noch genau, der Schauspieler, der den Franz gespielt hat, hieß Robert Kleinert. Der Franz, das war für mich das Schlüsselerlebnis schlechthin. Ich wollte auch Schauspieler werden. Und dabei blieb es." Zum Glück hatte der Vater nichts gegen die Leidenschaft seines Sohnes einzuwenden.

Mit 20 Jahren ging Ammann nach Berlin an die Schauspielschule. Geld hatte er keines, aber ein Onkel war bereit, ihm ein Studium zu finanzieren. Zwar sollte es nach dem Willen dieses Onkels eine Universitätsausbildung sein, aber Lukas Ammann legte den Begriff „Studium" recht großzügig aus. Was ihm der Onkel, nebenbei gesagt, in späteren Jahren gerne verziehen hat.

1934 stand in Berlin eine weitere schicksalshafte Begegnung mit Friedrich Schiller an. Diesmal wurde „Wilhelm Tell" gespielt. Lukas Ammann war Schüler der Max-Reinhard-Schule und stand in einer kleinen Rolle auf der Bühne: 5. Aufzug, 1. Szene. Tagesanbruch, Glocken ertönen, Signalfeuer brennen. Die Feinde sind verjagt, die Burgen der Tyrannen fallen. Das Volk bejubelt Tell: „Kommt alle, kommt nach seinem Haus zu wallen. Und rufet Heil dem Retter von uns allen." Dazu marschiert die SA in Uniform und mit Hakenkreuzfahne zu Schillers „Heil"-Rufen über die Bühne als „Retter der Freiheit" und zur größeren Ehre Adolf Hitlers, der im Publikum sitzt. Der große Schweizer Volksschauspieler Heinrich Gretler gibt den Rösselmann in der Berliner Inszenierung, und nach der Vorstellung nimmt Gretler seinen jungen Kollegen beiseite:

Viele Köche verderben den Brei – jedoch nicht diese zwei: Wilhelm beweist Johanna seine Fähigkeiten in der Küche.

„Lukas, morgen sinn mer nümme da", sagt er. Am nächsten Morgen sitzen die beiden früh um sieben im Zug Richtung Heimat.

Wieder in der Schweiz, kam das erste Engagement in St. Gallen, hundert Rollen in sieben Jahren spielt Amman an der dortigen Bühne. Dann folgte das Schauspielhaus Zürich, wieder hundert Rollen in sieben Jahren. Diese Zeit war künstlerisch prägend für Lukas Ammann und seine Zukunft als Schauspieler. Gastspiele in Berlin und Wien folgten, dann wechselte er ganz unvermittelt an das Cabaret Federal – wiederum für sieben Jahre. „Das Cabaret reizte mich, obwohl das Theater für mich immer an erster Stelle stand. Es hatte damals eine andere Form als heute. Nicht allein der Text war dominierend. Es bestand eine Einheit zwischen den ganz speziellen Bühnenbildern, den Kostümen, der Musik, dem Wort und dem Tanz. Der Tanz war bei einer Cabaret-Show ganz wichtig, und weil ich mich darin auch schon versucht hatte, nahm ich an einer Tournee durch Skandinavien und die USA teil."

1956 kam Lukas Ammann zur „Kleinen Freiheit" nach München. In dieser Zeit begann die Fernsehkarriere des Schauspielers. In über 100 Fernseh- und Kinofilmen spielte er Charakter- und Hauptrollen. Er trat in Serien auf, und zehn Jahre lang, von 1966 bis 1976, war Lukas Ammann „Graf Yoster": ein sehr britischer Adliger, ironisch und distinguiert, ein bißchen skurril, aber sehr gewitzt. Gemeinsam mit seinem leicht kriminellen Butler löste er zum Zeitvertreib Kriminalfälle, eine Rolle, die ihm großen Spaß gemacht hat, weil sie seiner Neigung zum Komödiantenhaften entsprach. Liebhaber dagegen hat er nie gespielt. Dazu wäre er nicht geeignet gewesen, schmunzelt er, und man glaubt es ihm kaum.

Zurück zu den „Fallers". Auf dem Hof ist Wilhelm der Patriarch. Er hat nicht immer das letzte, häufig aber das entscheidende Wort. Oft genug mischt er sich ungebeten in die Angelegenheiten der anderen Familienmitglieder ein, aber meistens sind seine Ratschläge doch willkommen. Als Fernseh-Figur hat er sogar eine Biographie geschrieben, was vor allem Film-Sohn Hermann gar nicht gut fand. Daß eine erfundene Figur eine erfundene Biographie „verfaßt", mag ein wenig seltsam anmuten. Aber es könnte durchaus so gewesen sein, das Leben im Schwarzwald, wie es der Autor Roland Lang schildert: die harten frühen Jahre, als die Buben sich als Hütejungen verdingen mußten, die Zeit, als die Gegend braun wurde und die ersten Nazis in die Rathäuser und Gemeindestuben einzogen, die Kriegszeiten und die kargen Nachkriegsjahre, in denen so mancher Alt-Nazi nach einer Schnellbleiche wieder das große Wort führte, die Generationenkonflikte der 60er Jahre, die Probleme der Bauern mit Subventionen und Quotierungen ...

Als die Serie geplant wurde, waren sich Regisseure und Drehbuchschreiber einig: auf keinen Fall sollte dem Reigen der Seifen-Opern, die das tägliche Vorabendprogramm füllen, eine weitere jener Herz-Schmerz-Serien angefügt werden, in denen lauter schöne Menschen lauter dummes

Verhext und bezaubert:
Lioba und Wilhelm

Zeug reden. Vielmehr sollte das „echte" Leben einer Schwarzwälder Bauernfamilie gezeigt werden, der alltägliche Trott, die alltäglichen Querelen, die Feste und die Freuden. Diese Realitätsnähe schätzt Lukas Ammann an der Fernseh-Serie am meisten. „Ich finde diese Serie hervorragend. Die kleinen Alltagsprobleme werden gezeigt, Probleme, die jeder kennt, und die jeder hat. Konflikte in der Familie, Meinungsverschiedenheiten über die richtige Politik, Streitigkeiten unter Geschwistern. Das unterscheidet uns von einer Action-Serie. Deshalb sollten sich die Geschichten nicht zu sehr vom „Fallerhof" wegbewegen. Natürlich muß man auch über seinen Tellerrand hinaus gucken können. Aber das Zentrum ist der Hof, sind die Menschen, die dort leben. Und so muß es auch bleiben."

Gut, daß der Schwarzwald so nah ist. Wäre der Drehort beispielsweise irgendein Studio in den USA, müßten die „Fallers" ohne ihren Patriarchen auskommen. Lukas Ammann hat Flugangst. „Ich hatte vor vielen Jahren ein Erlebnis in einer zweimotorigen Maschine von München nach Basel. Wir mußten durch eine Gewitterwand, und der Flieger ging immer rauf und runter. Die Stimmung unter den Passagieren war völlig panisch. Dann ging auch noch der Geschirrschrank auf und das ganze Geschirr kullerte durch den Gang. Es war ein Höllenlärm. Mitten hinein in das Chaos forderte die Stewardeß uns auf, gemeinsam ein Lied zu singen. Und dann sang sie doch glatt: „Vo Luzern gäge Weggis zue". Kein Mensch hat mitgesungen, nur sie mit ihrem Piepsstimmchen war zu hören. Eine völlig absurde Situation. Schließlich ist alles gut gegangen, aber seither fliege ich nur noch, wenn ich unbedingt muß. Und dann auch nur kurze Strecken."

Nach Mallorca geht's gerade noch. Dort, im Süden, haben die Ammanns ein Winterdomizil gefunden. Reisen gehört zu Ammanns Leidenschaften, Flugangst hin oder her. Reisen und ins Theater gehen. Zum Beispiel in London. Dort wird ein Appartement gesucht, das möglichst nahe am Theaterbezirk liegt, und dann gibt es eine Woche lang Theater, jeden Abend. Ammann genießt es, im Zuschauerraum zu sitzen. Selbst live auf der Bühne zu stehen, wäre ihm zu nervenaufreibend. Aber neue Inszenierungen von jungen Kollegen zu sehen, das neue Gesicht des Theaters kennenzulernen, ist immer wieder interessant. Was denkt jemand, der 65 Jahre lang Theater, Film und Fernsehen gemacht hat, über die Schauspielerei? „Es ist für mich ein Beruf wie jeder andere auch. Wir Schauspieler müssen die Technik beherrschen wie ein Zahnarzt oder ein Lehrer sie beherrschen muß. Wenn ich diese Techniken gelernt habe, kann ich Gefühle im Zuschauer auslösen, kann als ‚Vermittler' wirken. Gelingt mir das, macht es mir ungeheure Freude. Man darf den Beruf nicht überschätzen, aber man darf auch nicht zu leichtfertig mit der Schauspielerei umgehen. Was heute manchmal passiert, ist ein Skandal. Man hat zeitweise den Eindruck, als könnte jeder zum Fernsehen gehen, egal, ob er sein Handwerk beherrscht oder nicht. Die Grenzen sind nach unten verschoben. Das Publikum sollte sich dafür einsetzen, daß die Qualität nicht verloren geht." Übrigens: Im Gegensatz zur Fernseh-Figur hält Lukas Ammann sein eigenes Leben nicht für „memoiren-würdig": „Wenn überhaupt, dann könnte ich etwas von konsequenter Entwicklung erzählen, aber nicht von Ellbogen, von schönen Erfolgen, aber nicht von Starruhm. Doch sollten Lebensberichte auch einen literarischen Wert haben, und dafür habe ich nicht die Hand. Wie dem sei: Ich habe gut gelebt und ich habe schlecht gelebt, wie jeder von uns. Ob das für eine Biographie reicht...?"

Mit Sicherheit.

»Hermann«
Wolfgang Hepp

Totale. Schwenk. Zoom auf einen stattlichen Hof, eingebettet in eine Talmulde an den grünen Hängen des Hochschwarzwalds. Ein Hahn kräht, Kühe malmen frisches Gras, die Tür geht auf. Eine Mann schlurft zeitungslesend durch das Bild, die stattliche Leibesfülle von einem Morgenmantel umhüllt. So kommt er uns Woche für Woche im Vorspann zu den „Fallers" entgegen, jene Fernsehserie, die uns seit Jahren mit Alltagsproblemen aus dem Hochschwarzwald unterhält: Der Schauspieler Wolfgang Hepp in Gestalt des Bauern und Bürgermeisters Hermann Faller. Hermann Faller: Ehemann, Großvater, Vater, Sohn, Bauer und Bürgermeister, Grantler und Genießer. Er hat es nicht immer leicht. Die Familie, die Arbeit, die Gesundheit, alles macht ihm zu schaffen. Die Intrigen gegen ihn als Bürgermeister genauso wie die ärztlich verordnete Diät. Aber die anderen haben es auch nicht leicht mit ihm. Besonders seine Frau Johanna ist zutiefst gekränkt, seit Hermann eine „Familienpause" eingelegt und den Fallerhof verlassen hat. Zwar ist er nach einem Unfall reumütig in den Schoß der Familie zurückgekehrt. Aber für Johanna „ist nichts mehr so, wie es war".

Wolfgang Hepp: Schauspieler und Darsteller des Familienvaters und Bürgermeisters Hermann Faller. Schwergewichtiger Genießer, Ehemann, Sohn und Vater. Manchmal auch privat ein bißchen grantlig und ungeduldig. Aber da ist auch schon Schluß mit den Parallelen. Mit der Landwirtschaft zum Beispiel hatte Wolfgang Hepp nur gelegentlich in den Sommerferien zu tun. Geboren und aufgewachsen ist er in Singen am Fuß des Hohentwiel, als sechstes von sieben Kindern. Die Eltern hatten ein Optikergeschäft, das von der Mutter alleine weitergeführt wurde nach dem frühen Tod des Vaters. Da blieb nicht viel Zeit, die Neigungen jedes einzelnen zu erforschen. Trotzdem hat die Mutter alles getan, um die Berufswünsche ihrer Kinder zu fördern. Kapitän oder Schauspieler war die Alternative für Wolfgang Hepp, seit er zehn Jahre alt war. Als er neunzehn war, galt das immer noch. Der Zufall wollte es, daß die Aufnahmeprüfung für die Schauspielschule vier Wochen vor derjenigen für die Seefahrtschule stattfand. Mit der bestandenen Prüfung in der Tasche waren dann auch die Würfel für die Entscheidung gefallen. Hineingeredet hat dem angehenden Schauspieler niemand. „Daß ich diesen Beruf ergreifen durfte, war für damalige Zeit, Ende der fünfziger Jahre, für eine gutbürgerliche Familie aus der badischen Provinz schon ein Beispiel für außergewöhnliche Toleranz. Meine Eltern hatten sich als Mitglieder einer Laienspielgruppe kennengelernt. Mein Vater spielte den Wilhelm Tell, meine Mutter dessen Frau Hedwig. Vielleicht hat meine Mutter auch deshalb ‚ja' gesagt zu meinem Berufswunsch."

Hepps erstes Engagement nach seiner Ausbildung an der Falckenberg-Schule in München führte ihn nach Ulm. Kassel, das Düsseldorfer Schauspielhaus, das Theater Basel, das Schauspiel Bonn waren die nächsten Stationen. Er spielte Rollen wie den Bürger Schippel, den Amphytrion, den Höderer in „Schmutzige Hände", den „Tiger Brown" in „Dreigroschenoper". Den Klosterbruder im „Nathan", den „Rülp" in „Was ihr wollt" und viele andere. 33 Jahre lang war Hepp in erster Linie ein Theaterschauspieler. Seit fünf Jahren hat das Fernsehen, hat Hermann Faller den Vorrang.

„Der Hermann war zu Beginn für mich ein ziemlich unbeschriebenes Blatt. Einen richtigen Charakter hat er erst im Lauf der Zeit bekommen. Ich habe ihn mir zurecht gebogen, und ich habe ihn absichtlich so ‚gemacht', wie er jetzt ist, aufbrausend, knurrig und grantlig. Man kann ja nicht immer nur lieb sein. Man kann ja nicht nur dulden und alles schlucken. Da gibt es in der Serie andere, die das erfüllen. Ich finde, man muß auch provozieren. Mal ein Ärgernis sein. Immer nur freundlich und sympathisch zu sein, wäre mir zu langweilig. Die Story wird zwar von den Dramaturgen und den Drehbuchautoren ausgedacht und geschrieben, aber hin und wieder kann man auch seine eigenen Vorstellungen einbringen. Auch sind die Regisseure ziemlich offen, wenn es um die Umsetzung geht. Deshalb hat die Figur, die ich darstelle, auch etwas mit mir selbst zu tun."

Daß Wolgang Hepp gerne ißt und trinkt – mit Vorliebe französische Rotweine und Weiße aus dem südlichen Markgräflerland – kann man sehen. Daß er sich in seiner Freizeit vorwiegend mit äußerst filigranen Dingen beschäftigt, liegt nicht so offen auf der Hand. Es gibt viel Zartes und Zerbrechliches in Hepps Wohnung: Puppenstubenmobiliar, vom Hausherrn nach alten Vorlagen nachgebaut, mit Rosenknospen und grünen Zweigen bemalt. Zinnfiguren, so fein coloriert, daß man eine Lupe braucht, um die Schattierungen und Muster auf den Kleidern der Figürchen zu erkennen. Ein ungewöhnliches Hobby für einen bekennenden Schwergewichtler. Aber auch ein Ausgleich zum Alltagsstreß. „Ich bin ein Mensch, der Platz und Luft braucht, der aus der Haut fahren kann. Wenn ich nervös und ungeduldig bin, lenkt mich das Zinnfiguren bemalen ab, es beruhigt mich. Man studiert die Bilder der alten Meister, um zu sehen, wie sie den Faltenwurf gemalt haben, das Licht und den Schatten. Mit diesen feinen kleinen Dingen holt man sich dann wieder zurück auf den Boden. Auch an der Eisenbahn basteln und spielen hat mir, denke ich, den Gang zum Psychiater erspart."

Kamera läuft. Gedreht wird eine Szene in der Amtsstube des Bürgermeisters. Hermann Faller alias Wolfgang Hepp sitzt hinter seinem wuchtigen Schreibtisch und blafft in den Hörer. „Ja Herrgott noch mal! Soll ich mich denn um alles kümmern? Ihr seid doch die Spezialisten, Heilandsack..." Seine Schroffheit hat man nicht nur dem Hermann Faller, sondern auch dem Schauspieler Wolfgang Hepp mitunter übel genommen. Ein Zuschauer hat ihn sogar einmal darauf angesprochen, daß er so mürrisch mit seiner Frau umgehe. Das fände er furchtbar, dieses Benehmen, wie eine Axt im Walde. „Ich habe ihn dann gefragt, was ich seiner Meinung nach tun solle, wie er sich die Figur vorstellt. Wir sind dann ins Gespräch gekommen, und irgendwann hat er gesagt, daß sich der Hermann genauso

verhält, wie es sein eigener Vater früher getan habe. Das hat ihn wohl so allergisch reagieren lassen. Manche Zuschauer verbinden das, was sie in der Serie sehen, mit ihren eigenen Erfahrungen. Dann vermischen sich leicht die Grenzen zwischen Realität und Fiktion. Es kommt vor, daß ich gefragt werde, warum ich nicht im Stall oder auf dem Amt bin. Man wird mit ‚Hermann' oder ‚Herr Faller' angesprochen. Das stört mich manchmal. Aber das ist wohl der Preis dafür, wenn man in der Gegend bekannt ist. Beim Theater ist mir nie was ähnliches passiert."

Daß eine Fernseh-Serie Verhalten beeinflußt, daran mag Wolfgang Hepp nicht so recht glauben. „Ich glaube, man würde sich gewaltig überschätzen, wenn man sich eine

Vorbildfunktion anmaßt. Ich glaube nicht, daß wir prägend sind für die Region. Es ist ja nicht so, daß die Johanna das Frauenbild der süddeutschen Bäuerin neu definiert. Es werden auch nicht die baden-württembergischen Bürgermeister bei mir abschauen, wie man sein Amt richtig ausübt. Und die Großväter im Ländle werden auch nicht plötzlich so sein, wie Lukas Ammann als Wilhelm Faller, auch wenn wir fast jedes Wochenende zu unseren Zuschauern ins Wohnzimmer kommen."

Damals, als der Brief mit der Anfrage ins Haus flatterte, ob Wolfgang Hepp die Rolle des Hermann Faller übernehmen wolle, hat er lange überlegt, bevor er „ja" sagte. Das Theater würde zurückstehen müssen, und für einen Schauspie-

Nicht immer harmonisch: Hermann und sein Sohn Karl

Danke, Frau Heilert! Ohne seine Sekretärin wäre Hermann oft verloren.

*Mund auf, Augen zu!
Hermann und Johanna bei der
nächtlichen Plünderung des
Kühlschranks.*

ler kann es sich auch negativ auswirken, so lange Zeit auf eine bestimmte Rolle festgelegt zu sein. Dabei hatte damals noch niemand geahnt, daß sich die „Fallers" zu einem solchen „Dauerbrenner" entwickeln und die Schauspieler so stark binden würden. Wie hätte er sich entschieden, wenn er's gewußt hätte? Wolfgang Hepp zuckt die Achseln. „Die Frage ist nicht zu beantworten, sie ist zu spekulativ. Zwar kann es in einer Serie nicht dauernd diese Höhen und Tiefen geben, die einem ein Theaterstück abverlangen kann. Folglich kommt man auch nie oder ganz selten wirklich an seine Grenzen. Trotzdem macht die Arbeit vor der Kamera Spaß. Sie verlangt eine andere Spielweise als die Bühne, auch eine andere Art von Konzentration. Fernsehen machen ist spannend und die Arbeit an den Fallers ist immer noch ‚aufregend'."

Wolfgang Hepps Traum wäre es, beides machen zu können, Theater und Fernsehen: zwei schöne Rollen am Theater und zwei schöne Fernsehfilme im Jahr. Und die „Fallers". Und wenn er nochmal auf die Welt käme? Dann würde er vielleicht etwas ganz anderes machen. „Wahrscheinlich etwas in Richtung Archäologie, etwas, das mit Akribie und Vorsicht zu tun hat. Weil das Wissen um die Vergangenheit nötig ist, um die Zukunft leben zu können. Aber eins ist sicher: Kommunalpolitiker würde ich nie werden wollen. Dafür habe ich ‚Die Fallers'."

*So geht der Dreck nicht weg!
Wilhelm und Karl beäugen
skeptisch Hermanns Versuche,
das Auto sauber zu machen.*

»Johanna«
Ursula Cantieni

Eine Frau mischt sich ein. Ihr Name: Ursula Cantieni. Statt sich einzumischen, könnte sie es sich auch bequem machen. Sie könnte sich zum Beispiel in der Gewißheit sonnen, als Johanna Faller einem Millionenpublikum nicht nur bekannt zu sein, sondern von diesem Millionenpublikum geachtet und auch geliebt, ja manchmal sogar verehrt zu werden. Sie könnte pendeln zwischen ihren vier Wohnsitzen nach dem Motto: wo gefällt es mir gerade am besten? Pendeln zwischen den Graubündner Bergen in der Schweiz („Dort bin ich auf die Welt gekommen, dort habe ich die ersten neun Jahre meines Lebens verbracht, das ist meine Heimat."); zwischen Konstanz („Das ist mein Zuhause geworden, dort war ich fünf Jahre am Stadttheater."); zwischen Baden-Baden („Das ist mein derzeitiger Arbeitsplatz.") und zwischen Straßburg („Das ist mein Ferien-, Lust- und Rückzugs-Domizil, und es ist wichtig für mich, daß es gleich um die Ecke liegt. Denn wenn ich abschalten muß, will ich nicht noch zuerst fünf Stunden mit dem Auto fahren müssen."). Und im übrigen könnte sie den lieben Gott einen guten Mann sein lassen.

Eine solche Lebenshaltung würde wahrscheinlich vielen entsprechen, einer aber ganz sicher nicht: Ursula Cantieni. Es wäre gegen ihr Naturell. Und deshalb mischt sie sich ein. Die dafür erforderlichen oder zumindest dafür hilfreichen Charaktereigenschaften verkörpert sie par excellence: eine gute Portion schweizerischer Dickköpfigkeit und Gradlinigkeit. Die Resolutheit und Weltgewandtheit einer erfolgreichen Frau, die mit ihrem Erfolg aber nicht abgehoben hat, sondern mit beiden Beinen auf dem Boden geblieben ist („Der alte Kampfgeist meiner Generation", wie sie es selbst nennt). Sprühender Charme nebst erfrischender Vitalität und Offenheit, mit denen man Menschen überzeugen und Herzen gewinnen kann. Und dazu, als Auslöser, Katalysator oder einfach als Sahnehäubchen – wie immer man es sehen mag – die Popularität, die einem als Hauptdarstellerin in einer ungewöhnlich erfolgreichen und lange laufenden Fernsehserie mit dazugegeben wird. Und genau diese Popularität erzeugt bei ihr eben nicht nur die ganz fraglos angenehme Sonnenseite einer beruflichen Karriere, sondern sie bringt auch Verpflichtung mit sich.

„Verpflichtung, das klingt so altmodisch, ist es aber weiß Gott nicht. Und deshalb habe ich erst kürzlich meinen Mund wieder mal ganz weit aufgemacht, als es um diese unglaublich verquere, rückwärtsgewandte und teilweise erschreckend ausländerfeindliche Diskussion über den Doppelpaß ging. Da habe ich einen offenen Brief an eine Zeitung und an den Oberbürgermeister geschrieben und gesagt: Da schaut her, so wie die Ursula Cantieni, so wie euere Johanna Faller, so sieht eine Ausländerin aus, die mit ihrem Schweizer Paß seit Jahrzehnten in Deutschland lebt und arbeitet, Geld verdient und Geld ausgibt, die mit unbefristeter Aufenthaltsberechtigung und Arbeitserlaubnis zwar vergleichsweise komfortabel ausgestattet ist, aber trotzdem in all den Jahren immer nur Gast geblieben ist. Und diese Ursula Cantieni möchte sich hier einbringen und einmischen, möchte auch in Deutschland zur Wahl

gehen können, und zwar ohne gezwungen zu sein, dafür ihre bürgerlichen Rechte in der Schweiz, ihrer Heimat, aufgeben zu müssen." Da trifft sich bei ihr ganz zwanglos und unprätentiös das heimatliche Zugehörigkeitsbedürfnis mit europäischem Fühlen und Denken. Und das spiegelt sich ja – vielleicht unterbewußt – auch in der Wahl ihrer verschiedenen Wohnsitze wider. Ursula Cantieni, gebürtige Züricherin, kommt mit neun Jahren nach Deutschland, wo ihre Mutter in Stuttgart einen deutschen Arzt heiratet. Sie spricht englisch, französisch, italienisch, deutsch, schwäbisch, schweizerdeutsch (hier vor allem die Bündner Variante) und – natürlich – alemannisch.

Daß ihr wichtigster Arbeitsplatz einmal im Alemannischen liegen würde, daran hatte sie nicht im entferntesten gedacht, als sie in Stuttgart ihr Abitur ablegte, an der Hochschule für Musik und Darstellende Kunst Sprecherziehung studierte, fleißig die deutsche Hochsprache trainierte, Lehrbeauftragte und dann Professorin am Schauspielinstitut der Folkwangschule in Essen war, vier Jahre an der Württembergischen Landesbühne und fünf Jahre am Stadttheater in Konstanz auftrat, freischaffend für Radios arbeitete, selber Regie führte und in wichtigen Fernsehproduktionen mitwirkte: ihre Fernseharbeit begann mit „Antonia", der Hauptrolle in Nico Hofmanns und Thomas Strittmatters „Der Polenweiher", im Fernseh-Spielfilm „Fischerkrieg" spielte sie mit. Nach ihren wichtigsten Theater-Rollen gefragt, stehen „Geesche" in Werner Faßbinders „Bremer Freiheit", „Sonja Wilke" in „Himmel und Erde", „Emma" in „Betrogen" und „Sabine" in „Ein fliehendes Pferd" ganz oben. 1989 zog sie mit der Theaterproduktion „L'Alsace sans Culottes" anläßlich der 200-Jahr-Feier der Französischen Revolution durch das Elsaß.

Und dann, zehn Jahre, nachdem sie im „Polenweiher" schon einmal im Schwarzwald vor der Kamera stand, führte sie das Angebot, die Bäuerin auf dem Fallerhof zu spielen, erneut in die Silva Negra, wie Ursula Cantieni ihre Fernsehheimat gerne nennt. „Diese Rolle anzunehmen, das war ein Wagnis für mich, aber ich habe nicht nur die Figur, sondern auch die Umgebung und die Landschaft liebgewonnen. Hier, auf den Höhen des Schwarzwaldes, finde ich eine Verbindung, ja eine Brücke zu meiner Kindheit, hier finde ich die Kraft, die ich selbst brauche und die auch die Johanna braucht. Der Schwarzwald, das ist eine herbe Schönheit. Mit Jahreszeiten, von denen man noch gepackt wird. Ohne Weichspüler-Idylle. Bitterkalt, abweisend und unnahbar, verhangen, manchmal fast gespenstisch. Und dann, vor allem im Herbst, mit explodierenden Farben, mit einem unglaublichen Licht, mit schier unendlicher Weitsicht, mit duftenden Wiesen. Und mit klaren Bächen, die es hier tatsächlich noch gibt.

Von dieser Idylle schwärmen – das ist das eine. Darauf kann sich Ursula Cantieni, wenn sie vom Schwarzwald ins Erzählen gerät, wunderbar einlassen. Das andere aber sind die Probleme, die die Menschen, die hier leben, mit sich herumtragen. Und diese Probleme einer ganz speziellen Bevölkerungsgruppe bringt sie in ihrer Rolle als Johanna Faller

auf geradezu exemplarische Weise zum Ausdruck: die der Landfrauen, der Bauersfrauen, deren Alltag und deren Arbeit auf dem Hof nun wirklich kein Zuckerschlecken ist. Ursula Cantieni hat zu Beginn der Faller-Serie sehr schnell gemerkt, daß man sie auch in ihrer Fernsehrolle ein bißchen in jener Ecke ansiedeln wollte, in der sie nicht allzu viel zu sagen gehabt hätte. Wie im richtigen Leben eben: eine wohlgesetzte Statistin in einer Männerwelt, nur dazu da, deren Treiben und deren Entscheidungen mit den einen oder anderen Kommentaren zu versehen: „Ja, was hasch denn da wieder g'macht?" „Ja, was machsch denn jetzt wieder?" „So, so, aha, ha des isch aber interessant." Eine zentrale Rolle zwar, aber ohne eigenes Leben und Profil. „Mit solchen wie den eben zitierten Sätzen hätte

Hoch sollen sie leben!
Die „Fallers" feiern ihren
5. Geburtstag.

ich ganze Serienfolgen bestreiten können – und sollen." Das aber war nicht Ursula Cantienis Ding. Und das einfach so schleifen lassen? Das war noch viel weniger Ursula Cantienis Ding. Deshalb sagte sie sich, ihrem Naturell entsprechend: „Aus der Rolle der Johanna mußt du was machen, da muß Leben rein, da müssen sich die Konflikte, die Probleme, der Streß, die Freude, mit einem Wort: das Alltagsleben der Landfrauen im Schwarzwald drin widerspiegeln. Und es muß vor allem ein positiver, ein in die Zukunft gerichteter Ansatz rein." Und so hat sich auch ihre Rolle bei den „Fallers" Stück für Stück entwickelt, so, wie es bei vielen Rollen, die sie gespielt hat, der Fall war, und wie es auch ihrer Persönlichkeit entspricht: sich kontinuierlich entfalten, zuerst langsam, dann aber mit Macht aus dem Busch kommen, sich artikulieren und dann für die Sache, die man als richtig erkannt hat, auch eintreten.

Und so wundert es bei dem Engagement, das Ursula Cantieni mitbringt, überhaupt nicht, daß es bei ihr nicht dabei bleiben konnte, die Johanna auf dem Fallerhof mehr und mehr zu akzentuieren. Der weitere Schritt, sich für die Sache der Bauersfrauen über ihre Fernsehrolle hinaus einzusetzen, war da nur logisch und konsequent. Sich als „Oberbäuerin" zu sehen, das wäre natürlich vermessen, aber: „Es ist schon hochinteressant, welch unglaubliche Resonanz diese Serie gerade bei diesen Landfrauen hat. Und zwar, da bin ich mir ganz sicher, vor allem deshalb, weil mit der Art und Weise, wie sich die Rolle der Johanna entwickelt hat und wie ich sie verkörpere, diesen Frauen Mut gemacht wird." Soll das heißen, daß eine vordergründig ganz harmlos anzuschauende Familien-Serie mit gesellschaftspolitischem Impetus antritt? „Ob gewollt oder ungewollt: zumindest diese Wirkung hat diese Serie ganz fraglos. Ich komme mittlerweile bei vielen Gelegenheiten mit Landfrauen zusammen, ich werde zu Veranstaltungen eingeladen, zu Treffen, zu Vorträgen, und da erfahre ich immer wieder: die Johanna ist mittlerweile für viele Bäuerinnen fast so eine Art Identifikationsfigur. Und das deshalb, weil wir die tatsächlichen Probleme dieser Frauen benennen, Probleme, die sonst unter der Decke bleiben, und weil wir vor allem in dieser Serie auch Lösungsansätze zeigen. Es ist ein Fakt: wir,

Unsere Johanna!

Prost!

bei den ‚Fallers', sind der tatsächlichen gesellschaftlichen Entwicklung in diesem Bereich immer ein paar Schritte voraus. Aber eben nur ein paar Schritte, nicht zu viele. Und deshalb kann eine Zuschauerin sagen: verdammt, diesen oder jenen Zustand ändern zu wollen, das ist ja gar keine Utopie, das ist ja erreichbar, darum kümmere ich mich jetzt auch, das lasse ich mir künftig einfach nicht mehr gefallen. – So etwas als Schauspielerin zu erreichen, das ist das Wunderbarste, was ich mir erträumen kann."

Ursula Cantieni hat bei einem Interview mit der „Badischen Bauernzeitung" mit einer Bäuerin gesprochen, die selbst vier Kinder hat, und die hat ihr bestätigt, daß Themen, die bei den „Fallers" auf den Tisch kommen, zu Themen werden, die dann auch im realen Leben auf den Tisch kommen, die werden sozusagen salon-, besser: „hof"-fähig. Ein ganz kleines Beispiel, das aber zeigt, worauf es ankommt: Auf dem Fallerhof gab es, es ist schon eine ganze Weile her, ein Problem: er stand unter dem – unberechtigten – Verdacht, seine Milch sei mit Salmonellen infiziert. Die Folge: negative Zeitungsberichte, Gerüchte und so weiter. Die Männer kümmerten sich um alles, und sie, die Johanna, sollte nur sagen: „Ich glaube nicht, dass man dagegen was machen kann." Dann aber hat sie das Resignative weggewischt und gesagt: „Ich möchte wissen, wie man sich gegen solche Unterstellungen wehren kann." Das war so etwas wie die neue Gangart in ihrer Rollen-Findung.

Aber nicht nur sich wehren und sich einmischen hat sich Ursula Cantieni auf die Traktandenliste ihres beruflichen wie privaten Lebens geschrieben. Vom Schicksal begünstigt sein, das ist für sie Anlaß genug, ihre Bekanntheit auch für jene zu nutzen, die es eher auf die Schattenseite des Lebens verschlagen hat. Vorbild war ihr Großvater, der in Erinnerung an seine verstorbene Ehefrau die Irma-Landolt-Lechner-Stiftung ins Leben gerufen hat. Sie zeichnet Frauen aus, die sich uneigennützig auf sozialem und kulturellem Gebiet verdient gemacht haben. Diese Stiftung leitet sie seit dem Tod ihrer Mutter. Und oben im Schwarzwald, in Tannheim bei Villingen, steht eine neue und von ihrem Konzept her vorbildliche Nachsorge-Klinik für chronisch kranke Kinder. Daß es diese Klinik dort gibt, ist nicht nur, aber doch zu einem nicht unbeachtlichen Teil jenen Spenden zu verdanken, die dank der Popularität der „Fallers" und Ursula Cantienis zusammengekommen sind.

Ursula Cantieni, die Heilige Johanna vom Fallerhof? „Also nun mal langsam! Obwohl: die Heilige Johanna, sie war stark, kämpferisch, also eine sehr sympathische, eine moderne Frau. Aber ich und heilig – um Gottes Willen, alles, nur das nicht! Dafür fehlt mir schon die notwendige Askese." Am Herd beispielsweise steht sie nicht nur in der Küche des Fallerhofes. Sie ist auch privat eine leidenschaftliche Hobby-Köchin. „Nach meiner Ruebli-Torte schlecken sich alle die Finger. Und erst die gefüllte Kalbsbrust!" Und bei einer Flasche Riesling aus dem Elsaß kann sie ins Schwärmen geraten. Irgendwie schade, daß dort oben im Schwarzwald nur Bäume, Gras, Kartoffeln und Getreide wachsen ...

»Karl«
Peter Schell

Wenn der Schauspieler Peter Schell morgens früh um sechs aufsteht, seinen Arbeitsanzug und die Gummistiefel anzieht, die schmale Stiege hinunterklettert und zum Stall geht, ist Drehtag auf dem Fallerhof. Dann verwandelt er sich in den erstgeborenen Sohn und Hoferben der Fernsehfamilie Faller. Oder auch nicht. Wenn er gerade nicht dreht, bleibt Peter Schell, wer er ist, geht hinüber in den Stall zu den Kühen, nimmt die Mistgabel in die Hand oder setzt die Melkmaschine an und tut eben das, was ein Bauer am Morgen zu tun hat. Denn inzwischen, nach rund zweihundert „Faller-Folgen", ist aus dem Brecht-Schauspieler ein richtiger Freizeit-Bauer geworden.

Geboren wurde Peter Schell 1957 im schweizerischen Brugg. Nach dem Abitur besuchte er die Schauspielschule in Bern, übrigens erst nachdem ihn seine Klassenkameraden dazu überredet hatten. Nach der Ausbildung folgten die Lehr- und Wanderjahre als Schauspieler, die er in der damaligen DDR verbrachte. Schell stand als Prinz von Homburg auf der Bühne oder als Beckmann in „Draußen vor der Tür". Insgesamt sieben Jahre, von 1981 bis 1988, verbrachte er an Bühnen in Quedlinburg, beim Harzer Bergtheater, in Karl-Marx-Stadt und in Anklam. Nach einem kurzen Gastspiel im Westen zog es ihn 1991 wieder in den Osten – in erster Linie wegen des Publikums. „Für einen Schauspieler war die DDR das Größte. Die Menschen dort hatten einen Heißhunger nach Kultur. Man wollte kritisches Theater. Und hinterher wollte das Publikum immer mit den Schauspielern und den Regisseuren über das Stück diskutieren." Seit 1994 spielt Peter Schell den Jungbauern Karl Faller.

Der Hoferbe ist ein eher streitlustiger Typ, meinungsfreudig und kämpferisch, mit Ecken und Kanten, die das Zusammenleben mit ihm nicht immer einfach machen. Ein wenig davon steckt auch in Peter Schell. „Ich bin wohl auch eher ein beharrlicher Mensch. Wie der Karl sich durchbeißt, das gefällt mir. Ich bin froh, daß er manchmal schroff ist. Das Leben auf einem Hof ist hart, und wenn wir nur eitel Sonnenschein zeigen würden, ginge das ziemlich an der Realität vorbei. Bei der vielen Arbeit ist manchmal einfach keine Zeit für lange Reden und höfliche Worte."

Der Schauspieler Peter Schell könnte glatt als echter Jungbauer durchgehen, wie er da am Küchentisch sitzt, die Ärmel der Strickjacke hochgekrempelt, und von dem Leben der Bauern hier oben im Wald erzählt. Es ist ein kalter grauer Wintertag, und Peter Schell hat gerade Drehpause. Die gute Stube der Ferienwohnung auf dem Fallerhof ist kräftig eingeheizt. Kein Wunder, denn zur Zeit sind Außenaufnahmen angesetzt, und da kann es schon mal sein, daß man stundenlang draußen in der Kälte steht und darauf wartet, daß es endlich aufhört zu regnen. Während der Drehtage lebt der Schauspieler in einer der Ferienwohnungen auf dem Fallerhof, auf eigenen Wunsch, denn er hat sich von Anfang an auf dem Hof zu Hause gefühlt. Auch hat er sich mit den echten Bauern auf Anhieb bestens verstanden. „Ich gehe gern in den Stall und aufs Feld. Und letztlich ist das auch für die Rolle gut. Wenn ich als Bauer aus dem Auto steige oder vom Trecker runter klettere, dann darf es nicht so aussehen, als würde ich zum ersten Mal einen Traktor sehen. Wenn ich täglich das Vieh füttere, weiß ich, was alles getan werden muß, wie lange das dauert und wie schwer das ist. Ich denke, wir müssen so ‚lebensnah' wie möglich sein. Schließlich drehen wir eine realistische Serie, und das ist es wohl auch, was dem Publikum gefällt."

Zunächst aber hagelte es Kritik. Viele Zuschauer meldeten sich 1994, zu Beginn der Serie, zu Wort. Der Dialekt stimme nicht, meinten sie. Die Geschichte sei zu konstruiert. Da seien wohl ein paar Städter am Werk, die der Landbevölkerung zeigen wollten, wie man auf dem Land lebt. Inzwischen haben sich die Gemüter beruhigt. Mehr noch: die „Fallers" werden von immer mehr Zuschauern akzeptiert. Und die Bauern in der Gegend sehen in Peter Schell schon fast einen Kollegen. Manchmal geht er mit zu ihren Versammlungen. Redet mit, wenn es darum geht, daß sich kaum noch Frauen finden, die bereit sind, Bäuerin zu werden. Diskutiert mit den Bauern über Subventionen und EG-Normen, erfährt von ihren Problemen, von Ernteausfällen und den schwierigen Regelungen bei der Hofübergabe.

Auch bei den „Fernseh-Fallers" stand lange Zeit die Nachfolgeregelung auf dem Hof im Zentrum. Ein echter Vater-Sohn-Konflikt, der nicht ohne Blessuren abging. Die ganze Familie litt unter den Meinungsverschiedenheiten im Hause „Faller" – fast wie im richtigen Leben. Inzwischen ist dieser Streit beigelegt, aber – auch wieder wie im richtigen Leben – die nächsten Auseinandersetzungen sind schon abzusehen.

Keine Frage, eine Fernsehfigur ist eine Fernsehfigur und kein realer Mensch. Auch Karl Faller ist eine erfundene Gestalt mit einer erfundenen Biographie. Sein Name und sein Alter, seine Bildung und seine Ansichten, seine persönlichen Umstände, die Beziehung zu seiner Mutter, das Verhältnis zu seinen Geschwistern, all das wurde in den Ideenwerkstätten der Drehbuchschreiber ausgedacht. Aber manchmal trifft es sich, daß ein Schauspieler eine Rolle spielt, die ihm nicht allzu fremd ist, die er lieber spielt als andere. Und genau das ist bei Peter Schell mit der Rolle des Jungbauern Karl der Fall. „Es gibt Rollen, für die ich mich sehr verstellen muß, Rollen, die mir absolut fremd sind. Manchmal muß man Personen darstellen, die man überhaupt nicht mag, Dinge tun, die man im wirklichen Leben noch nicht einmal denken würde. Mit der Figur des Karl ist das anders. Ich spiele den Bauern gern. Natürlich übernimmt man als Schauspieler zunächst mal eine vorgegebene Rolle. Aber im Lauf der Zeit wächst man zusammen. Man schlüpft in die Haut des anderen. Man überlegt sich, wie der Karl jetzt reagieren würde? Was für ein Gesicht würde er machen? Welche Geste? Wie verhält er sich seiner Frau gegenüber? Man kann bis zu einem gewissen Grad auf den Regisseur einwirken. Und weil man die Möglichkeiten hat, die Figur auszugestalten, hat man auch eine gewisse Verantwortung. Nicht zuletzt deshalb, weil sich unsere Zuschauer so stark mit

der Serie identifizieren. Mit dieser Identifikation darf man nicht leichtfertig umgehen. Aber am wichtigsten für die Glaubwürdigkeit einer Figur ist es, daß der Zuschauer nachvollziehen kann, warum sich die Person so und nicht anders verhält. Das zu vermitteln, ist die Aufgabe des Schauspielers. Beim Karl fällt mir das leicht, denn ich kann ihn verstehen – weil ich mich mit den Problemen befasse, die die Leute hier oben umtreiben."

Das ist es auch, was den Schauspieler Schell hier oben „auf dem Wald" so populär macht. Es kommt öfter vor, daß er beim Einkaufen als „Herr Faller" angesprochen wird. Einerseits ist es schmeichelhaft, wenn man erkannt wird. Auf der anderen Seite aber sind solche Reaktionen verwirrend. „Klar, wir wollen unsere Figuren so glaubwürdig wie möglich darstellen. Aber ich bin Schauspieler und kein Bauer. Die Zuschauer sollen sich mit der Serie und den Personen auseinandersetzen, die Identifikation darf nicht zu weit gehen. Wir können keine ‚Ersatzfamilie' sein. Schließlich machen wir ‚nur' Fernsehen, und unsere Figuren sind keine wirklichen Personen."

Stichwort Serie. Eigentlich mag Peter Schell keine Fernsehserien. Die meisten sind ihm zu oberflächlich. In Serien-Produktionen werden Probleme meistens nur angetippt und abgehakt. Echte Lösungen, um die gerungen werden muß, finden meistens nicht statt. Auch die Figuren sind häufig in den billigen, schnell gedrehten Seifenopern nicht sorgfältig genug gestaltet. „Charaktere müssen sich entwickeln, und dazu braucht es Zeit. Die meisten Produktionen können sich diese Zeit nicht leisten. Da muß alles hopplahopp gehen, und die Personen und ihre Probleme bleiben klischeehaft." Die Fallers versuchen, näher an der Realität zu bleiben, mit ihren kleinen Alltagssorgen, den überhaupt nicht glamourösen Erlebnissen, der bodenständigen – aber nicht heimattümelnden – Umgebung, in der sie spielen.

Dennoch, wie sorgfältig auch gearbeitet werden mag: Fernsehserien werden häufig mit dem Etikett „Triviales" versehen und rangieren auf der kulturellen Werte-Skala meist ziemlich weit hinter dem Theater. Auch wird den Schauspielern so mancher Spagat abverlangt, denn die Anforderungen bei Theater und Fernsehen sind unterschiedlich. „Die ‚Fallers' machen mir viel Spaß, aber auf das Theater möchte ich nicht verzichten. Diese Spannung, ob ich mein Publikum zu fassen bekomme. Ob ich es ‚mitnehmen' kann oder ob es abspringt. Deshalb habe ich auch weiterhin meine Soloauftritte auf der Bühne, auch hier in der Nähe des Drehortes. Ich habe Kafkas ‚Bericht für eine Akademie' im Hotzenwald gespielt. Das hat großen Spaß gemacht. Beim Theater hat man ganz spontane Reaktionen. Beim Fernsehen kann man höchstens anhand der Einschaltquoten beurteilen, ob man ‚ankommt'. Und dann muß es noch nicht mal an einem selbst liegen. Als ‚Serien-Schauspieler' beim Fernsehen erreicht man allerdings ein viel größeres Publikum."

Mitten im Gespräch wird nach dem „Serien-Helden" verlangt. Das Wetter ist gerade günstig, für ein paar Minuten

Seltene Zweisamkeit: Karl und Christina gemütlich vor dem Fernseher.

Karl und seine Susi!

kommt die Sonne raus. Ganz schnell muß eine kurze Außenaufnahme in den Kasten. Der Jungbauer steigt aus dem Auto und geht ins Haus. Wiederholung. Noch einmal bitte! Und noch einmal. Jetzt sieht man die Scheinwerferreflexe auf der Windschutzscheibe. Dann schiebt sich eine Wolke vor die fahle Sonne. Hier ist Geduld gefragt, Geduld und Präzision und die Fähigkeit, auch beim zwanzigsten Versuch immer noch genauso dynamisch aus dem Auto zu steigen, wie beim ersten Mal. Aber ist das für den Theatermann Schell nicht ein bißchen wenig?

„Okay, beim Fernsehen ist die Schauspielerei ein Faktor unter vielen. Es gibt tausend Dinge, die stimmen müssen: das Licht, der Ton, die Kameraführung, eine ganze Reihe technischer Voraussetzungen. Man muß ein Stück weit wie auf Knopfdruck funktionieren. Das ist nicht immer einfach. Als Fernsehschauspieler muß man andere Techniken beherrschen, oder seine Technik anders einsetzen als beim Theater. Das ist ungefähr so, als ob ein Hochspringer plötzlich Weitsprung machen soll. Wenn auf der Bühne ein Stück geprobt wird, ist das monatelange Arbeit. Man setzt sich intensiv mit dem Stoff auseinander, und der Regisseur arbeitet ganz eng mit den Schauspielern zusammen, bis er seine Ideen so perfekt wie möglich umgesetzt hat. Beim Fernsehen gibt man sich auch schon mal mit einer etwas weniger perfekten schauspielerischen Leistung zufrieden, wenn das Licht und der Ton bei einer bestimmten Einstellung gerade optimal waren. Hier kommt es in erster Linie darauf an, aus dem Stand in der Lage zu sein, die Anweisungen des Regisseurs zu befolgen, beispielsweise auch zehn Mal hintereinander in Tränen auszubrechen."

Schells Theaterlaufbahn ist über weite Strecken von Bertold Brecht geprägt und von den Erfahrungen, die er als Schauspieler in der ehemaligen DDR gesammelt hat. In seiner Ausbildungszeit hat er daran geglaubt, daß Theater belehren kann. Zwar hat sich seine Haltung zu diesem Thema im Lauf der Zeit verändert, das gibt er offen zu.

Der Bildungsauftrag, den Theater früher zweifellos hatte, ist im Lauf der Zeit verwässert worden. Heute geht man ins Theater, um unterhalten zu werden. Nicht zuletzt deshalb zweifelt Peter Schell die Kraft der „Lehrstücke" in Brechtscher Tradition an. Die Menschen lassen sich durch ein Theaterstück nicht verändern, denkt er heute. „Aber wenn man über Theater und über Fernsehen zum Denken anregen kann, ist das schon eine ganze Menge."

Glückliche Momente!

»Christina«
Carmen-Dorothé Moll

Sieht so etwa ein schwarzes Schaf aus? Nein, das nun wirklich nicht. Schon gar nicht, wenn dieses angeblich schwarze Schaf blondmähnig in die Lobby eines der besseren Hotels in Münchens Zentrum hereingerauscht kommt, um an einem frühen Sonntagmorgen Fragen zu sich selbst, vor allem aber zu ihrer Rolle bei den „Fallers" zu beantworten. Da sitzt sie nun also, Carmen-Dorothé Moll, die Jungbäuerin Christina vom Fallerhof, Karl Fallers Ehefrau, und sprudelt erst mal mit zwei Entschuldigungen heraus. Erstens wäre es ihr viel, viel lieber gewesen, man hätte sich bei ihr zuhause getroffen und könnte dort gemütlich beisammenhocken. „Aber da wüten seit drei Tagen die Handwerker, überall Staub, da halte ich es selbst kaum noch aus." Und: „Sorry, daß ich etwas zu spät gekommen bin, aber gestern war's halt auch zu spät. Da mußte ich als Seelenklempnerin für einen Freund dasein, bei dem es daheim kriselt". Lachen, ein großer Schluck aus der Tasse mit dem Cappuccino, und: „Als Schauspielerin mal nur zuhören, das muß man auch können, das fordert."

Abgenommen hat sie, und zwar nicht zu knapp. Wer sie nur vom Bildschirm her aus der „Faller"-Serie in Erinnerung hat, muß fast zweimal hinschauen. Doch, sie ist's. Die Stimme, das Lachen, da gibt es keinen Zweifel. O.k.: Bauernkittel, dicker Pulli und Gummistiefel sind für eine junge Frau nun mal nicht ganz so kleidsam wie ein schwarzer, langer Rock mit Bluse nebst hochhackigen Schuhen. Trotzdem: Alles, was im Fernsehen – wenn auch nur ansatzweise – aber doch zumindest gelegentlich etwas pausbäckig aussah, ist wie weggeblasen. Da war wohl nicht nur die Kameraeinstellung oder die Beleuchtung dran schuld. „Nein, die letzten Wochen bei den ‚Fallers' waren natürlich ziemlich stressig, das hat gezehrt, aber davon dann später."

Gut, davon dann später. Zunächst also nochmal zum schwarzen Schaf. Denn damit beginnt der Blick auf ihre Laufbahn als Schauspielerin. „Ich war das einzige schwarze Schaf in der Familie. Alle anderen sind ganz solide. Mein Bruder studiert Ökologie, meine Mutter ist medizinisch-technische Assistentin, mein Papa war Beamter. Und plötzlich macht die Tochter solche Mucken." Mit „Mucken" meint sie wohl ihren Wunsch, Schauspielerin zu werden. „Ja, aber genaugenommen sind meine Eltern ja selbst schuld, daß aus mir nichts geworden ist." Bei dem „nichts geworden" blitzen ihre Augen noch ein bißchen frecher als ohnehin, und vom angeblichen Hangover vom Vorabend ist ihr überhaupt nichts mehr anzumerken. „Die haben mich ganz früh in den Freiburger Kinderchor gesteckt, und der hat immer im Stadttheater geprobt. Und wenn die vom Theater mal wieder irgendwelche Kleinen für Kinderrollen in einem Stück gebraucht haben, dann haben die immer zuerst im Kinderchor nachgefragt. Die waren wohl zufrieden mit mir, denn mit der Zeit habe ich dann schon zum festen Stamm gehört. Ab der vierten Klasse bis zum Abitur war ich ständig mit dabei."

So fing das also alles an. Da scheint für beides, fürs Singen wie für die Schauspielkunst, bei ihr einiges im Blut zu liegen. Und deshalb hat sie seit ihrer Ausbildung bis zum heu-

Endlich schwanger?

Wobei man ihr die Rolle der Jungbäuerin so auf Anhieb wirklich nicht zutrauen möchte – zumindest dann nicht, wenn man selbst wohl eine gewisse Klischee-Vorstellung hierzu im Kopf mit sich herumträgt. Wie sie da so im Sessel sitzt – und dann soll dieses zarte Geschöpf plötzlich in der rechten und in der linken Hand jeweils eine große Milchkanne schleppen, mit der Mistgabel herumhantieren, Traktigen Tag das eine nie zugunsten des anderen hinten angestellt. An der Guildhall School of Music and Drama in London studierte sie Gesang, Tanz, Schauspiel und Musical. Musicals waren ihre große Leidenschaft und dann auch ihre ersten Engagements in Großbritannien. „Oliver", „Out of This World" und „Cabaret" standen auf ihrem Spielplan. Aber auch das Schauspiel vernachlässigte sie nicht. In „Macbeth" und „Vassa Zhelenova" stand sie in England auf der Bühne. Das Tourneetheater Dreiländereck, das Freiburger Wallgraben-Theater und das Theater 44 in München waren ihre wichtigsten Stationen in Deutschland mit Stükken wie Ionescos „Nashörnern", Kleists „Amphytrion" und Oskar Wildes „Bunbury". Und dann natürlich das Fernsehen. „Tatort", „Marienhof", „Der Fahnder" – damit wurde sie einem breiten Fernsehpublikum bekannt. Bis sie nicht nur bekannt, sondern populär wurde – als Christina bei den „Fallers".

Engelchen und Teufelchen!

Das bißchen Haushalt ...
kennen Christina und Johanna
zur Genüge.

tor fahren und die Kühe melken? „Ja, das war so eine Sache, ich glaube, ich wurde gerade deswegen engagiert, weil ich da nicht so eins zu eins auf den Hof gepaßt habe. Denn da sollte wohl ein bißchen ein anderer, frischer Wind hineingebracht werden. Die Christina kommt aus der Stadt, ist eine Zugereiste, hat eine andere Vorbildung. Wenn da statt mir so die Inkarnation einer reinen Landpomeranze als Karls Frau auf den Hof gekommen wäre, dann wäre das zu glatt gewesen und hätte viel weniger Ansätze für – auch konstruktive – Spannungen in die Serie gebracht. Und im übrigen wäre es doch auch blöd gewesen, nur immer das alte Vorurteil zu bedienen, daß Landfrauen den ganzen Tag mit Kopftuch und Stiefeln herumlaufen, abgeschafft aussehen und weder Sex noch Power ausstrahlen. Das ist doch kompletter Unsinn und hat mit der Wirklichkeit schon lange nichts mehr zu tun." Aber trotz alledem: die klassische Rollenverteilung funktioniert bei den „Fallers" immer noch erstaunlich gut. Wann immer beispielsweise Johanna außer Haus oder außer Gefecht ist, übernimmt Christina in der Küche das Zepter. Dann verwöhnt sie die Männer mit ihren formidablen Kochkünsten, ohne daß von denen auch nur einer einmal auf den Gedanken käme, ihr im Gegenzug beim Abwasch zur Hand zu gehen.

Man glaubt es übrigens kaum, aber es war für die Macher der „Faller-Serie" ausgesprochen schwierig, im Schwarzwald einen passenden Bauernhof für die Dreharbeiten zu finden. Möglichst originalgetreu sollte er sein, also ohne Verschandelungen durch moderne Anbauten. Dann war es wichtig, daß er einerseits gut erreichbar ist, auch mit schweren Lastwagen, um die ganze umfangreiche Filmausrüstung an- und abtransportieren zu können. Andererseits mußte er weit genug weg sein von Durchgangsstraßen, um nicht dauernd Autolärm auf der Tonspur zu haben. Aus denselben Gründen sollte er auch nicht gerade in einer Tiefflug-Übungszone für die Düsenjäger der Bundeswehr liegen. Da reduziert sich die anfängliche Auswahl schon erheblich. Und dann mußte man auch noch eine Bauern-Familie finden, die zwar den richtigen Hof hat, aber auch bereit ist, jahrelang immer wieder für viele Wochen einen bunten und quirligen Haufen aus Dutzenden von Schauspielern, Kameraleuten, Regisseuren, Assistenten, Toningenieuren, Beleuchtern, Kabelträgern und einigen Leuten mehr auf ihrem Hof zu dulden, ohne daß dabei ihre eigentliche Arbeit, nämlich die Bewirtschaftung des Hofes, zum Erliegen kommt. Da legte sich mancher Hochschwarzwälder Dickkopf im letzten Moment noch quer. Und auch bei den Löfflers bedurfte es einiger Überzeugungsarbeit. Denn da stand noch drohend im Hintergrund die Horror-Vorstellung, irgendwann könnte es bei ihnen genauso zugehen wie bei der Schwarzwaldklinik im Glottertal – mit Busparkplätzen und Würstchenbuden vor dem Haus und dazu Fotoapparat-bewehrte Touristenströme, die ihre Wohnstube entern. Das konnte bislang glücklicherweise vermieden werden, ganz einfach, weil die Adresse des Hofes nicht an die große Glocke gehängt wird.

Für Carmen-Dorothé Moll alias Christina Faller hat das Drehbuch dann eine richtige Problem-Rolle vorgesehen.

Huhn im Korb: Christina zwischen Mann und Schwiegervater.

Christina möchte ein Kind, und zwar unbedingt. Zwar war zunächst vor allem der Gedanke an den noch fehlenden Hoferben der Hauptgrund für ihren Kinderwunsch – und damit verbunden wohl auch, von der Großfamilie voll akzeptiert zu werden. Im Laufe der Zeit jedoch verselbständigte sich dieser Wunsch bei ihr dann mehr und mehr – und wurde dadurch eher noch drängender. Aber es wollte und wollte nicht klappen. Jedesmal, wenn es für sie klar war, doch wieder nicht schwanger zu sein, mußte sie sich mit dem quälenden Gefühl auseinandersetzen, als Frau versagt zu haben. Und dabei wird der Wunsch nach einem Kind immer stärker. Und parallel dazu verschärfen sich auch die Konflikte mit Karl, ihrem Ehemann. Vor allem, als sie auf medizinische Empfängnishilfen baut und sich dabei gegen die zunächst heftig ablehnende Haltung Karls durchsetzen muß.

Aber sie ist begeistert von der Realitätsnähe der Serie. Und daß sich auch Zuschauer melden, gerade dann, wenn sich gelegentlich mal so eine kleine, manchmal ganz lustige Unstimmigkeit einschleicht, an die vorher niemand gedacht hat. Das zeigt ihr, daß man den Nerv des Publikums trifft. Wie bei der Geschichte mit dem Zuber. Johanna sollte Brot backen. Und da hat sie zum Anrichten des Teiges einen alten Holzzuber hervorgekramt und so ganz nebenbei bemerkt: „Da ham wir früher immer den Karl drin gebadet." Das sollte lustig sein, erfahrene Bauersfrauen konnten darüber aber nur lachen, aber aus einem anderen Grund: einen Holzzuber, in dem schon seifiges Badewasser stand, nimmt kein Mensch mehr zum Anrühren eines Teiges!

Was ihr auch gefällt: Die Ruhe, keine kurzgetakteten, hektischen Schnitte, von denen einem bei vielen anderen Serien schier schwindelig wird; daß auch mal die Zeit da ist für längere Kamerafahrten. „Da ist der Rhythmus mit dem Thema im Einklang. Da werden einfach noch Geschichten erzählt." Und trotz alledem: Carmen-Dorothé Moll steigt bei den „Fallers" aus, ist schon ausgestiegen. Das bedarf natürlich einer Erklärung. Da gibt es ein ganzes Bündel von Gründen. Natürlich die Lust, mal wieder andere, auch größere Aufträge anzunehmen. Denn während ihres „Faller"-Engagements war hierfür kaum Zeit. Wenn die „Faller"-Drehtage feststehen, dann ist daran nichts mehr zu rütteln. Und genau um diese Termine herum etwas zu bekommen, das ist dann schon Glück oder Zufall. Carmen-Dorothé Moll wollte den Ausstieg, und sie hat ihn mit Hilfe des Regisseurs und des Drehbuchschreibers auch gefunden. „Eigentlich wollten sie mich nicht sterben lassen, denn sie haben gedacht, dann kommen sie mit der Figur des Karl nicht weiter. Aber andererseits: wenn da irgendwo noch eine Ex-Ehefrau rumsitzt – auch ziemlich problematisch."

So wurde ihr „Faller"-Ende nicht problematisch, sondern höchst dramatisch. „Ich habe mir's, nachdem es abgedreht war, sofort angeschaut: Toll, einfach toll. Ein Autounfall. Das ist wirklich klasse geworden, super geschnitten. Ich hab' selber fast Tränen in die Augen gekriegt." Da war sie, was die Tränen anbelangt, ganz bestimmt in guter Gesellschaft: denn höchstwahrscheinlich flossen sie bei dieser Szene bei der gesamten Faller-Fan-Gemeinde in Strömen.

»Kati«
Christiane Bachschmidt

Da kann einem schon schier die Spucke wegbleiben, wenn Berufliches und Privates derart unversehens aufeinandertreffen. Im Falle von Christiane Bachschmidt war es die konkrete und praxisorientierte Vorbereitung auf ihre Rolle bei den „Fallers" einerseits, ganz und gar Persönliches andererseits, das sich – nein, nicht in die Quere kam – aber doch ohne jegliche Vorwarnung kreuzte. Die Spucke blieb ihr weg, als sie vor fünf Jahren in einem Kölner Krankenhaus einem Arzt über den Weg lief, der ..., aber langsam und der Reihe nach.

Daß Christiane Bachschmidt die Vorbereitung auf ihre Rollen ernst nimmt, das ist klar, sonst wäre sie keine renommierte Schauspielerin. Manchmal aber werden ihr Rollen angeboten, da hat sie das Gefühl und das Bedürfnis, mehr tun zu müssen als üblich. Also nicht nur das Drehbuch lesen, sich hineindenken und hineinfühlen in die Rolle und dann in den Fundus ihres schauspielerischen Könnens greifen. Da verlangt die zu spielende Figur von ihr nach zusätzlichem sich Hineinversetzen, nach verstärkter Vorbereitung, um sie so echt und so lebendig und so lebensnah wie möglich vor die Kamera zu bringen.

Dieser Fall war eingetreten, als das Angebot aus Baden-Baden kam, die Kati Schönfeldt in der geplanten Fernsehserie „Die Fallers" zu spielen. Und von dieser Kati Schönfeldt verlangte das Drehbuch zweierlei: Bauerntochter sollte sie sein, und Krankenschwester obendrein. Eine Rolle als Krankenschwester, das war neu für sie. Auch als Bauerntochter hatte sie keine Erfahrung. Aber das mit der Krankenschwester, das schien ihr eine besondere Herausforderung zu sein. Vielleicht gerade deshalb, weil es so viele so platte Ärzte- und Krankenhausserien gibt mit einer Klischee-Krankenschwester neben der anderen. Sie wollte sich hierfür also intensiver als üblich einarbeiten. Und heuerte deshalb für ein Praktikum in einer Klinik in Köln an. Denn: „Wenn man diese Möglichkeit der Vorbereitung hat, dann ist das schon gut, da ich dann ganz anders drangehe, ich bin dann in meiner künftigen Rolle nicht nur so außen mit dabei. Klar, ich muß nicht alles vorher real machen, was ich dann nachher spiele, aber wenn sich die Chance ergibt, wenn man diese Erfahrung mitmachen kann, dann ist das einfach etwas."

Nun war also die Chance da, in einem Kölner Krankenhaus in ein Krankenschwesternpraktikum hineinzuschnuppern. So richtig im weißen Kittel und fleißig mithelfen auf der Station. Die neue Rolle im Hinterkopf. Und dann steht sie am ersten Tag des Praktikums plötzlich genau jenem Arzt gegenüber, der Jahre zuvor ihren Vater in den letzten Stunden seines Lebens begleitet hatte. „Da arbeitet dieser Arzt, der meinen Vater bis zuletzt betreut hat, nun zufällig genau auf der Station, wo ich mein Praktikum zur Vorbereitung auf die ‚Faller'-Rolle mache. Ich sehe den Arzt und denke, ich guck nicht richtig. Und der ist ebenfalls ganz erschrocken". Zufall oder nicht, Christiane Bachschmidt weiß es nicht. In diesem Moment ist ihr – nach anfänglichen kleinen Zweifeln über eine Serien-Rolle im Fernsehen – klar: „Es ist richtig, daß du diese Serie machst, es ist richtig, daß du dieses Praktikum hier zur Vorbereitung auf die Rolle angefangen hast, wenn du das jetzt nicht durchziehst, dann wärst du völlig behämmert."

Etwas durchziehen, das war schon immer einer ihrer bestimmenden Wesenszüge. Aufgeben ist nicht ihr Ding. Das dachte sie sich auch, als sie an der Stuttgarter Schauspielschule nach dem ersten Vorsprechen durchgerasselt war. Und zwar nicht mit Glanz und Gloria, sondern „mit Wonne", wie sie vieldeutig und herzlich lachend dazu anmerkt. „Da war ich einfach naiv. Ich mußte eine Rolle vorsprechen und dachte, die Hauptsache ist: ich kann den Text. Den habe ich in einem Affentempo runtergerasselt. Ich hätte bestimmt jeden Schnellsprechwettbewerb gewonnen – nur eben nicht die Aufnahmeprüfung für die Schule. Die wollten natürlich, daß ich Charakter zeige."

Trotzdem – danach lautete ihre Devise: jetzt erst recht. Denn zu ihrer ersten beruflichen Ambition, dem Jura-Studium, wollte sie nicht zurückkehren: die Juristerei hat sie schon nach relativ kurzer Bekanntschaft unendlich gelangweilt. Als erstes bekam sie nach der Pleite mit der Aufnahmeprüfung deshalb Schauspielunterricht, und zwar aus erster Hand: nämlich von ihren Eltern. Von ihrer Mutter Anne Wehner-Bachschmidt und ihrem Vater Fritz Bachschmidt, beide vollberuflich engagiert in diesem Metier. Auch ihre Schwester ist Schauspielerin. Deshalb, so vermutet sie, wohl auch der anfängliche Versuch, mit dem Jura-Studium etwas ganz anderes zu machen. Aber dann ging es auf geradem Wege nach München. „Cabaret" spielte sie am Landestheater Schwaben, „Madame Bovary" am Theater Maldeck. Und dann lockten Funk und Fernsehen mit Engagements. Das Locken hatte Erfolg, und Erfolg hatte sie dann mit und in diesem für sie neuen Medium. In vielen Hörspielproduktionen war und ist ihre Stimme zu hören. Zu sehen war sie unter anderem in „Kontakte bitte", „Wunschpartner", „Lisas Traum", „Derrick", „Happy Holiday", „Zwei Schlitzohren in Antalya", „Ehen vor Gericht" und „Der Alte". Als sie gerade als „todkranke Patientin" in der „Stadtklinik" lag, flatterte das Angebot aus Baden-Baden herein, und so stand sie kurzerhand von ihrem Krankenlager auf, um im Schwarzwald als Kati Schönfeldt die als Krankenschwester arbeitende Tochter eines Schwarzwaldbauern bei den „Fallers" zu werden – mit der oben beschriebenen Begegnung auf der Krankenhausstation in Köln als direkter Folge.

Wie war das denn eigentlich auf der – echten – Krankenhausstation in Köln? „Da bin ich vier Wochen eingetaucht, da habe ich nicht nur zugeschaut, sondern da habe voll mitgemacht. Das hätte ich ja auch schlimm gefunden für die Patienten, wenn die irgendwann gemerkt hätten, daß da so eine wildgewordene Schauspielerin nur rumsteht, um irgendwas mitzukriegen, deren Leiden also quasi ausnutzt. Das Mitmachen und Miterleben ging so weit, daß, als ich dann wegging, ich mich da ernsthaft gefragt habe, wer denn jetzt wohl ‚meine' Patienten betreut. Das alles war total anstrengend, jeden Tag um 5 Uhr morgens Dienstbeginn, da habe ich endlos Kilos verloren". Und keine Lust bekommen, diesen Beruf wirklich auszuüben, also umzuschulen? „Ja, ir-

gendwann kam der Gedanke, aber dann schon als Arzt, in einer Position, in der ich entscheiden kann."

Kati Schönfeldt alias Christiane Bachschmidt geht bei den „Fallers" nicht nur ihrem Beruf nach. Sie ist auch Mutter. Mutter einer – na ja – ziemlichen Göre, der der Schwarzwald zu eng und zu spießig geworden ist und die sich über ein Jahr lang vom Bauernhof verabschiedet und bei ihrem nach Venezuela entschwundenen Vater herumgetrieben hat. Das hat das Mutterherz vor der Kamera mehr als einmal auf schwerste Proben gestellt. Ist die Schauspielmutter mit ihrer Schauspieltochter eigentlich zufrieden? Die Frage muß genauer lauten: mit ihren Schauspieltöchtern. Denn die jüngere, das Kind sozusagen, ist ausgeschieden aus der Faller-Crew. Jetzt steht sie mit ihrer schon quasi erwachsenen Eva vor der Kamera. „Ich finde beide ganz prima. Ich fand die erste Tochter klasse, die war mir total ähnlich. Nicht im Wesen, aber in der Physiognomie." Und da ist auch viel Nähe zwischen den beiden entstanden. Da gab es sehr innige Szenen wie jene mit ihrem Nervenzusammenbruch und dem Koma. „Da hat sie so süß gespielt, da mußte ich beim Drehen immer schlucken, damit ich nicht anfing zu heulen."

Und die neue Tochter? Sie ist für Christiane Bachschmidt eine tolle Partnerin. Tanja Schmitz, die nun die Eva Schönfeldt spielt, ist im wirklichen Leben eine erwachsene, verheiratete Frau, die aber so jugendlich aussieht (und natürlich auch ein bißchen in diese Richtung geschminkt wird), daß sie problemlos als ihre heranwachsende Tochter durchgeht.

Besuch von Franz! Weder Kati noch Hermann scheinen besonders erfreut!

Die eigene berufliche Karriere erlaubt es der Film-Kati auch, mit neuem Selbstbewußtsein ihrer ebenfalls sehr selbstbewußten Tochter gegenüberzutreten. Mit diesem neuen Selbstbewußtsein ist sie auch ihrer Tochter Eva und deren Ansprüchen gewachsen, als diese nach über einem Jahr bei ihrem Vater in Venezuela in den Schwarzwald zurückkommt – wenn auch zunächst nur zu Besuch. Kati weiß jedoch, daß sie ihre Tochter nicht mit Druck an sich binden kann, sie läßt sich aber auch nicht von ihr erpressen. Das luxuriöse Leben, das Eva bei ihrem Vater in Caracas kennengelernt hat, kann und will sie ihrer Tochter nicht bieten.

Denn Kati hatte an ihrem alten Krankenschwestern-Job im Laufe der Zeit nur noch wenig Freude. Und deshalb suchte sie nach einem neuen Weg und einem neuen Ziel für ihr Leben. Und genauso wie im Privatleben, so hat sie es auch in der Faller-Rolle mit gesundem Ehrgeiz und einem selbstbewußten Durchsetzungsvermögen geschafft: Sie hat nach der Umschulung die Prüfung zur Physiotherapeutin bestanden, und zwar mit Auszeichnung. Und bereits wenig später hat sie sich mit Hilfe ihres Bruders Bernhard in die Praxis von Matthias Duffner eingekauft. Zwar läuft auch dort nicht immer alles nach Wunsch, aber sie hat wieder einmal bewiesen, daß es richtig war, ihren eigenen Kopf gegen familiäre Bedenkenträger und Schwarzmaler durchzusetzen.

Christiane Bachschmidt ist von Anfang an bei den Fallers mit dabei, sie gehört damit zum Stamm der ganz, ganz Altgedienten in der Faller-Crew. Das geht jetzt schon seit über fünf Jahren. Wie erlebt man das Leben und das Arbeiten in dieser Schauspieler-Familie? Gibt es da Kontakte über den Dreh hinaus? Und was machen die gruppendynamischen Prozesse? Christiane Bachschmidt: „Also, das ist schon toll, wie so ein zusammengewürfelter Haufen über die Jahre hinweg sich immer noch erträgt. Sicher gibt es Animositäten. Wie überall, so menschelt es auch hier. Da sind Rolle und Realität schon mal ganz nahe beieinander. Aber es gibt nichts, was an die Substanz geht. Vor allem dann, wenn wir vor der Kamera stehen, dann ist so etwas nicht mehr vorhanden." Bei anderen Produktionen hat sie es schon erlebt, daß man sich privat nicht mehr ausstehen kann.

Bei den „Fallers" ist das anders. Sie findet nicht nur die Crew gut, sondern auch die Serie selbst. Denn das ist kein Stoff, bei dem sie sich verbiegen müßte. Im Gegenteil. Nur die Männerauswahl, die der Kati laut Drehbuch immer ans Herz gelegt wird, die ist ihr echt fremd: „Was die Kati sich auch immer für 'nen Schrott an Männern aussucht, das hat ja fast schon wieder Klasse! Kaum läuft einer vorbei, der ordentlich jünger ist als sie, schon kriegt sie Glitzersternchen in den Augen, und aus ist's mit ihr." Vor allem gefällt ihr, daß die Faller-Serie nicht glatt und nicht platt ist. Daß sie realitätsbezogen ist, und daß sie auch keine Scheu hat, das zu zeigen. Und daß zum einen nicht immer Friede, Freude, Eierkuchen herrscht, zum anderen aber die Konflikte und Reibereien nicht aufgesetzt und unrealistisch dargestellt werden, wie bei den unzähligen Daily-Soaps, die allüberall von morgens bis in die späte Nacht über die Bildschirme flimmern.

Ganz privat ist Christiane Bachschmidt übrigens eine begeisterte Sängerin. Und selbst komponieren macht ihr fast noch mehr Spaß. Und deshalb arbeitet sie mit Unterstützung des SWR-Hörfunkredakteurs Hans-Joachim Müller an einer CD. In einem Lied singt sie: „Ich geb nicht auf". So, wie es eben zu ihr paßt. Mit den Fallers hat das nichts zu tun. Und daß ihr irgendwann die Rolle als singendes Bauernmädel zugewiesen wird, davon weiß sie zumindest nichts. „Aber man sollte ja nie nie sagen. Bei der Figur der Kati ist ja eigentlich alles drin. Was die schon alles durchgemacht hat, da könnte es ja durchaus mal sein, daß sie auch noch anfängt zu singen ..."

*Mutter und Tochter –
ein starkes Team!*

»Eva«
Tanja Schmitz

Wie kommt man eigentlich als Schauspieler aus einer lange und erfolgreich laufenden Fernsehserie wieder heraus? Wenn man beispielsweise berufliche oder private Lust hat auf Veränderung, das Ende der Serie aber, in der man gerade mitspielt, sich jedoch noch nicht einmal andeutungsweise am Horizont abzeichnet? Tanja Schmitz ist um die Antwort nicht verlegen: „Da gibt es dann wohl nur zwei Möglichkeiten – entweder der Drehbuchautor läßt dich sterben, Autounfall oder so, ratz-fatz, und du bist von einem Tag auf den anderen weg vom Fenster, draußen. Oder er schickt dich irgendwo hin, in einen ausgiebigen Urlaub oder zu einer längeren Kur, am besten auch räumlich ganz weit weg, ins Ausland, wo du dann langsam aber sicher aus dem Blickwinkel der Zuschauer verschwindest, nur noch als gelegentlicher Postkartengruß aus der Ferne auftauchst und dann irgendwann gänzlich in Vergessenheit gerätst. Für mich jedenfalls hat der Drehbuchautor die erste Variante gewählt, die mit dem schnellen Tod."

Tanja Schmitz, gerade mal 26 Jahre alt, sitzt lachend und ganz locker auf einem Stuhl in ihrer Garderobe im Fernsehstudio des Südwestrundfunks in Baden-Baden. Dort, wo der Großteil der Innenaufnahmen für die „Fallers" gedreht wird. Wo die gute Bauernstube mit Kachelofen und „Kunscht" aufgebaut ist, wo die Küche mit dem alten Kamin steht, die Schlafzimmer, die Gastwirtschaft, die Tierarztpraxis und noch einiges mehr. Wo die Werkstatt ihres „Faller"-Urgroßvaters Wilhelm eingerichtet ist und wo dieser seine geliebten Masken schnitzt. Wo alle Details vom Topflappen am Herd bis zum Jesusbild über dem großelterlichen Ehebett stimmen, alles liebevoll zusammengetragen und arrangiert bis zur letzten Kleinigkeit, und wo dadurch eine Atmosphäre geschaffen wird, wie sie echter gar nicht sein könnte. Das einzige, was hier irritiert, ist die Tatsache, daß überall die Zimmerdecken fehlen. Und daß statt dessen Scheinwerfer, Mikrofone und Kameras herunter- und hineinlugen wie neugierige Außerirdische, die mal nachschauen wollen, was in einem Hochschwarzwälder Bauernhof denn so alles geboten wird. Und daß, sobald man die Haustüre aufmacht, um nach draußen zu gehen, der Blick nicht auf Wiesen, Bäume und das Leibgedinghaus fällt, sondern auf die graue Betonwand der großen Studio-Halle. Sonst aber ist alles original.

Hier also sitzt Tanja Schmitz. Und sie lacht und erzählt. Sie erzählt natürlich nicht von den „Fallers", nein, denn dort ist sie so quicklebendig wie hier in ihrer Garderobe im SWR-Studio, und niemand denkt auch nur im entferntesten an ihr vorzeitiges Ende. Nein, sie erzählt vielmehr von ihrem Fernseh-Tod, der sie in der Fernsehserie „Die Lindenstraße" ereilt hat. Wäre sie nämlich dort nicht gestorben (oder, wozu der Drehbuchautor offenbar keine Lust oder keine zündende Idee hatte, ins Ausland abgewandert), dann wäre es mit ihrem Engagement bei den „Fallers" nichts geworden. Denn in zwei Fernsehserien dieses Kalibers gleichzeitig mitzuspielen, das schafft selbst ein junger und quirliger Sausewind wie eine Tanja Schmitz nicht so ohne weiteres.

Nach einer kurzen zeitlichen Überbrückung mit ein paar Theaterengagements ist Tanja Schmitz dann also bei den „Fallers" angekommen. Sie ist die Jüngste im Team, wenn man vom kleinen Albert, Moniques Sohn, mal absieht. Und die Jüngste ist sie auch, wenn man die Zeit als Maßstab nimmt, seit der sie dort mitmacht. Vor etwa zwei Jahren ist sie in die Rolle der Eva Schönfeldt, Katis Tochter, geschlüpft. Wie ist das denn, wenn man im eingespielten Team einer („Faller"-)Familie ankommt, also sozusagen erwachsen hineingeboren wird? Da kommen Tanja Schmitz ihre Erfahrungen aus zwei Jahren „Lindenstraßen"-Serie gut zupaß. Und als großen Vorteil sieht sie es an, daß sie nach eigener Einschätzung ein richtiger Serien-Typ ist. Sie mag es, im Team zu arbeiten. Heute ein Drehtag hier, morgen ein Drehtag mit einer anderen Crew dort, und übermorgen dann wieder ganz woanders mit wiederum ganz anderen Menschen irgendwo – das ist nicht so recht ihr Ding. Sie braucht und schätzt die Zeit, die ihr die Arbeit bei einer Serie gibt, um die Menschen, ihre Schauspieler-Kollegen und -Kolleginnen auch wirklich kennzulernen. Das gibt ihr den persönlichen und beruflichen Halt, den sie gerne verspürt und der ihr guttut.

Für Tanja Schmitz, Jahrgang 1973, war nach dem Abitur noch lange nicht Schluß mit der Schule. Nur die Fächer änderten sich: Statt Mathe, Deutsch und Physik standen ab 1992 drei Jahre lang Schauspiel, Tanz und Gesang auf dem Stundenplan in der Theaterfachschule Bongort und Roy in Köln. Dort erhielt sie auch ihr erstes Engagement: Sie spielte die „Hattie" in „Kiss me Kate" und die „Giuliette" in „E.T.A. Hoffmannsical". Dann ging es nach Düsseldorf, ihrer nächsten beruflichen Etappe. In der Düsseldorfer Komödie stand sie auf der Bühne als „Klärchen" im „Weißen Rößl", als „Sabine" in „Mein Vater der Junggeselle", als „Julie Smith" in „Kein Platz für die Liebe" und als „Britta" in „Keine Liebe nach Maß". Neben ihren Theaterrollen, die sie auch nach Wolfsburg und Berlin führten, sammelte die noch ganz junge Tanja Schmitz auch schon fleißig Erfahrungen vor der Kamera. Sie hatte noch nicht einmal ihr Abitur in der Tasche, da spielte sie 1987 schon in „Total Bescheuert" ihre erste Kinorolle. Und dann ging es ziemlich rasch zum Fernsehen, wo sie dem Publikum als die „Julia" aus der „Lindenstraße" schnell zum Begriff wurde. 1997 führte sie dann ein Casting aus der Großstadt auf den einsamen Bauernhof im tiefen Schwarzwald.

Für ihren Start bei den „Fallers" mußte allerdings erst eine andere Schauspielerin den Platz freimachen. Denn ihre Rolle als Eva Schönfeldt, Tochter der Faller-Tochter Kati Schönfeldt, war ja besetzt durch Rebecca Szerda. Da die Eva aber drehbuchgemäß einen ziemlichen Sprung zu machen hatte in punkto Persönlichkeit und Entwicklung, mußte die Rolle neu besetzt werden. Und siehe da: für das Ende ihrer Vorgängerin Rebecca hatte sich das Autorenteam der „Faller"-Drehbücher eine wesentlich sanftere Methode einfallen lassen als ihr selbst für ihr eigenes Ende bei der „Lindenstraße" gegönnt war. Rebecca alias Eva durfte jene lange Reise ins Ausland antreten, aus der

Großmutter, Mutter und Kind!

Wahre Liebe!

Familienleben à la Schönfeldt.

sie dann ziemlich gewandelt zurückkam. Rebecca, die ehemalige Eva, wurde vom Drehbuch nämlich für längere Zeit zu ihrem nach Caracas ausgewanderten Vater geschickt. Aus Caracas kam dann nach rund zwei Jahren die neue Eva alias Tanja Schmitz zurück. Welche Gefühle haben sie dabei beschlichen? „Das Alter der Eva ist zwar das gleiche geblieben, aber die Person, das Outfit, das Gehabe, das alles hat sich bei ihr doch total verändert. Das war wohl mit dem Auslandsaufenthalt zu erklären. Aber ich glaube schon, daß die Zuschauer das auch gemerkt haben, daß da aus Caracas eine andere Person zurück auf den Fallerhof gekommen ist. Ich bin ja ein ganz anderer Typ. Ich habe dann den Regisseur gefragt, ob ich mir die bisherigen ‚Faller'-Folgen anschauen soll, damit ich mich in den Gestus und Habitus meiner Vorgängerin einarbeiten kann, aber der hat gemeint, ich solle meine Rolle spielen, so wie sie in mir angelegt ist und nicht nachahmen, und das war auch sicher richtig so. Denn auf Dauer hätte ich mich eh nicht derart verstellen können, ganz abgesehen davon, daß die äußerlichen Unterschiede zwischen uns beiden eh ziemlich groß sind."

So kam also die neue Eva Schönfeldt zurück aus Venezuela, wo sie über ein Jahr lang bei ihrem Vater verbracht hat, weil ihr der Schwarzwald zu eng und zu spießig geworden war. Und weil der Vater auch mit einem ziemlich luxuriösen Lebensstil locken konnte, alles Dinge, für die halberwachsene Mädchen ja nicht gerade unempfänglich sind. Doch als sie aus der großen weiten Welt mal wieder ihrer Familie im Schwarzwald einen Besuch abstattet, da stellt sie fest, daß das Leben auch hier ganz spannend und voller Abwechslung sein kann. Und ganz besonders freut sich Eva auf ihren Urgroßvater Wilhelm, denn wenn sie Sorgen hatte, dann war er oft der einzige, mit dem sie jederzeit über alles reden konnte. So einer hat ihr in Südamerika schon gefehlt. Aber auch Wilhelm ist überglücklich, daß seine Eva wieder zurückgekommen ist. Nur an eines scheint er sich nur mit Mühe gewöhnen zu können: daß seine Urenkelin nämlich kein kleines Mädchen mehr ist, sondern schon eine junge Frau mit ganz eigenen Vorstellungen und Wünschen. Dasselbe stellte auch Kati, ihre Mutter, fest. Beide verstehen sich aber super, besser als früher. Fast sind sie Freundinnen geworden.

Und was stellt sich Tanja Schmitz für die weitere Entwicklung ihrer Rolle bei den „Fallers" vor, in welche Richtung würde sie sich den Gang des Drehbuches wünschen? Tanja, selbstkritisch: „Also, das ist so: man hat halt einfach ein Gesicht. Und da höre ich dann bei mir immer: die sieht ja so lieb aus, das ist die Liebe, die Nette, die Süße von nebenan. Das wurmt mich dann schon mächtig. Ich würde gerne mal eine so richtig Derbe spielen, aber irgendwie glaube ich, daß man mir das nicht zutraut." Aber wer weiß: vielleicht geht das „Faller"-Drehbuch im Lauf der Zeit ja noch in eine Richtung, in der die Eva Schönfeldt mal so richtig derb und böse auftreten kann. Schauspielerin und Serie sind ja noch jung genug, als daß sich das alles nicht noch entwickeln könnte.

»Bernhard«
Karsten Dörr

Das waren noch Zeiten, als Bernhard und Monique gemeinsam mit Sohn Albert hoch oben unterm Dach des Fallerhofs hausten. Sie waren glücklich und zufrieden, Bernhard hatte noch seine rote Lockenpracht, und die Welt war in Ordnung, zumindest was die Beziehung des jüngsten Fallersohnes zu seiner französischen Lebensgefährtin anging. Daß den älteren Familienmitgliedern der unkonventionelle Lebensstil des Paares schon immer ein wenig suspekt war – nun gut, damit konnte man leben. Doch inzwischen ist alles anders geworden. Monique lebt mit dem Tierarzt Alex Fehrenbach, und Albert im Leibgeding des Fallerhofs, und Bernhard ist nach Freiburg gezogen. Die Welt war ihm auf dem Hof zu eng geworden. Aber irgendwie macht Fallers Jüngster nicht immer den Eindruck, daß er mit dieser Entwicklung ganz glücklich ist...

Bernhard Faller ist der „Paradiesvogel" in der Familie, der Außenseiter, der seine Freiheit braucht und sie sich auch nimmt. Mittlerweile ist aus dem taxifahrenden Studenten ein richtiger Unternehmer geworden, der immer wieder mal frischen Wind in die Bauernstube bringt. Für den Schauspieler Karsten Dörr ist die Figur ein ganz wichtiges Element in der Serie. „Der Bernhard ist bei den ‚Fallers' der Vertreter einer weniger ‚bürgerlichen' Welt. Ein bißchen Rebell, ein bißchen Intellektueller mit einem ganz anderen Lebensstil. Er gehört zwar zum Hof, ist aber trotzdem ‚draußen'. Die Serie zeigt doch eher ein klassisches Familienbild, auch wenn nicht immer alles so glatt läuft wie man es gerne hätte. Aber die Strukturen sind eindeutig konservativ, auch was die Rollenverteilung innerhalb der Familie angeht. Bernhard ist für mich ganz klar der Ausreißer bei den ‚Fallers'. Er hat studiert und sich abgesetzt, so gut es ging. Und dann hat er sich mit seiner Freundin, mit der er ein uneheliches Kind hat, unters Dach verzogen. Er war nie am Hof interessiert und hat sich immer irgendwie durchlaviert. Er hat sogar gelogen, als er nach dem Studium keinen Job gefunden hat, weil er sich nicht traute, die Wahrheit zu sagen." Vielleicht sei das eben doch das „Fallerische" an Bernhard, meint Dörr: dieses „Erfolg haben müssen", dieser Druck, nicht versagen zu dürfen. Letztlich seien sie alle erfolgreich geworden; Hermann als Bürgermeister, Karl als Hoferbe, Johanna als diejenige, die die Familie „schmeißt" – und Bernhard schließlich auch, mit seiner Firma. Etwas verspätet zwar, aber immerhin.

Weg von der ländlichen Enge, rein ins städtische Getümmel: den Drang hinaus, den die Fernseh-Figur verkörpert, kennt Karsten Dörr auch von sich selbst. Die Figur ist ihm ans Herz gewachsen, und er kann ziemlich gut verstehen, was den „Bernhard" umtreibt. Er sieht sogar Parallelen zwischen sich und seiner Rolle: vor allem in diesem Unruhigsein, in diesem Umherziehen und in dem Gefühl, manchmal nicht so richtig zu wissen, wo man hingehört. Und daß man manchmal meint, mit einem Ortswechsel könnte man Probleme lösen...

Geboren ist der Schauspieler 1964 in Lörrach. Weil sein Vater als Architekt viel in Basel zu tun hatte, zog die Familie nach Riehen in der Schweiz, eine kleine Gemeinde in der Nähe der deutschen Grenze. In Riehen ging Karsten Dörr auch zur Schule, später besuchte er ein Internat in Schwyz, eine richtig strenge Klosterschule mit Schlafsälen und gestreiften Vorhängen vor den Betten. Dort wollte er „zu sich kommen", wie er sagt. Und irgendwann war ihm klar, daß er beruflich gerne in Richtung „Regie" gehen wollte. „Ich habe mir noch überlegt, wie ich es am besten anfangen sollte, Regisseur zu werden, als ich glücklicherweise einen Schauspieler vom Basler Theater kennengelernt habe. Den Herbert Fritsch, der jetzt gerade große Karriere in Berlin macht. Durch ihn bin ich damals zu einer Regieassistenz am Basler Theater gekommen. Während dieser Zeit habe ich mich für die Schauspielschule vorbereitet und an den Schulen vorgesprochen. In Bern am Konservatorium haben sie mich dann genommen. Vier Jahre lang war ich dort und habe nebenher in Bern für Radio DRS gearbeitet. Ich habe den Nachtclub moderiert, immer von Mitternacht bis 6.00 Uhr morgens, dann um 9.00 Uhr wieder in die Schule. Die Zeit war ziemlich hart."

Das erste Engagement als Schauspieler führte nach Aachen, von dort aus nach Köln, wo Dörr bei RTL „Die Wache" gedreht hat, auch eine Serie. Dann wieder Aachen, für ein halbes Jahr nach Paris und jetzt Berlin. Am Aachener Theater lernte Karsten Dörr auch seine Frau kennen, Susanne Batteux, eine Schauspielkollegin, mit der er zwei Kinder hat, den viereinhalbjährigen Camille und die dreijährige Julie.

Seit 1992 arbeitet Dörr freiberuflich. Als die Anfrage vom damaligen Südwestfunk kam, ob er Interesse an den „Fallers" hätte, zögerte er nicht lange. Inzwischen, von Berlin aus, hat er ein anderes Verhältnis zur „Provinz" bekommen. „Ich freue mich jedes Mal, hierher zu kommen, in diese Landschaft. Wenn ich mit dem Auto da bin, fahre ich auch mal nach Freiburg oder nach Colmar, weil ich diese Städte noch von früher kenne. In Freiburg war ich während eines Gastspiels für einige Zeit am Theater, kurz nach der Schauspielschule. Daß die Serie hier unten im Süden spielt, finde ich schön, und es liegt mir natürlich näher, den Sohn eines Schwarzwald-Bauern zu spielen als Jack the Ripper. Bei einer solchen Serie sind die Figuren normalerweise schon „näher an einem dran" als beispielsweise am Theater. Man spielt hier ja ein relativ normales Stück Alltag und nichts völlig Fremdes, und deshalb kommt da meiner Meinung nach immer ein gutes Stück Persönliches mit rein."

Auch der Schauplatz der Serie ist für Karsten Dörr nichts Fremdes. Seine Mutter stammt von einem Bauernhof in der Nähe von Todtnau, und als Kind war Dörr oft zu Besuch bei den Großeltern im Schwarzwald. Seine Erinnerungen an das Leben auf diesem Hof lassen ihn dann auch ein wenig kritischer auf die Serie blicken, was ihre Nähe zur Realität angeht. „Die ‚Faller'-Serie ist sicher näher an der Wirklichkeit als viele andere Produktionen dieser Art. Auch die Personen sind einigermaßen realistisch gezeichnet, sie sind keine Glamourfiguren, und ihre Sor-

gen sind Alltagssorgen. Aber sie sind eben auch keine echten Schwarzwaldbauern. Bei den „echten" Bauern geht es nicht so locker-flockig zu wie im Fernsehen. Die Bauern, die ich kenne, sind viel verschlossener. Aber ich denke, man darf in diesem Medium Fernsehen ruhig ein bißchen verklären. Wir müssen die Realität ja nicht 1:1 wiedergeben. Das würde die Zuschauer vermutlich gar nicht interessieren: Stellen Sie sich vor, so eine schweigsame Mahlzeit im Fernsehen ... Unsere Aufgabe ist es eher, mit der Realität zu spielen, eine Oberfläche zu bieten, auf der sich dann die Phantasie des Publikums entwickeln kann."
Als man die Schauspieler für die Serie suchte, war es bei manchen Figuren noch offen, mit welchem Darsteller sie besetzt sein würden. Gut, daß Lukas Ammann den Großvater und Ursula Cantieni die Johanna spielen würde, war von Anfang an klar. Bei Karsten Dörr und Peter Schell lag die Sache anders. Dörr wußte nur, daß er einen der beiden „Faller"-Söhne darstellen sollte, Karl oder Bernhard. Aber nach den ersten Probeaufnahmen gab es keinen Zweifel mehr daran, daß Dörr die Rolle des Bernhard übernehmen würde. „Es gab da eine Szene auf einem Traktor. Da hatten die beiden Brüder eine ziemlich heftige Auseinandersetzung. Man bekommt bei einem solchen Casting ja nur ein bißchen Text und ein ganz kleines bißchen Hintergrundwissen. Damit muß man dann was machen. Bei uns beiden, bei Peter und mir, hat es auch wirklich gut geklappt, wie wir uns da gestritten haben. Es war ziemlich schnell klar, daß ich den Ausgeflippteren spielen würde, als man uns so zusammen gesehen hat. Allein schon aufgrund des äußeren Eindrucks – ich hatte damals noch meine langen Haare."

Vor allem im Süden, wo mittlerweile jeden Sonntag rund eine Million Zuschauer bei der Bauernsaga einschalten, wird Karsten Dörr häufig auf der Straße angesprochen. Dann klopft man ihm auf die Schulter und fragt ihn, ob er nicht der jüngste „Faller"-Sohn sei. „Geh doch zurück zu deiner Frau", kriegt er manchmal zu hören, oder die Leute wollen wissen, ob er hier in der Gegend lebt und wie es ihm so geht und was seine Firma macht. Gestört fühlt er sich von solchen Annäherungen nicht, er fühlt sich im Gegenteil verpflichtet, freundlich zu sein und nicht schroff und abweisend zu reagieren. „Ich denke, das gehört einfach dazu. Daß sich die Leute auf der Straße für einen interessieren, muß man wissen, wenn man in diesem Medium arbeitet, besonders wenn man Serien dreht und den Zuschauern mit der Zeit ans Herz wächst. Man steht den Menschen nicht nur im Fernsehen zur Verfügung. Man ist auch als Privatmensch in gewisser Weise in der Pflicht. Das kann ja auch Spaß machen. Wenn wir zum Beispiel auf dem Hof drehen, bin ich immer in Furtwangen im Hotel. Ich gehe abends gern mal in die Kneipe, und da lernt man echt nette Leute kennen. Zum Teil kennen die die ‚Fallers' in- und auswendig, das macht wirklich Laune. Daß es unangenehm wird, habe ich eigentlich noch nicht erlebt."

Momentan zieht es Karsten Dörr wieder zurück an die Bühne, nach Jahren der Theater-Abstinenz, in denen er

Kontrahenten der Liebe:
Alex und Bernhard

fast ausschließlich fürs Fernsehen gearbeitet hat. Sein großer Traum ist es, einmal den Prinzen von Homburg zu spielen oder den Hamlet – schwierige zerrissene Charaktere im Kampf mit sich selbst, klassische Rollen und anspruchsvolle Stoffe. Er vermißt ein wenig die Auseinandersetzungen mit Kollegen und Regisseuren darüber, was man mit einem Stück will, wie es inszeniert sein soll, was es herauszuarbeiten gilt. Diese Diskussionen kommen bei einer Unterhaltungsserie, mag sie noch so sorgfältig gearbeitet sein, fast immer zu kurz. Auch kann ein Darsteller selten sein ganzes Spektrum an schauspielerischen Möglichkeiten einsetzen. Zum Ausprobieren und Experimentieren bleibt einfach viel zu wenig Zeit, wenn man unter Produktionsdruck steht. Aber immer wieder trifft es sich, daß man bei Fernsehproduktionen auf alte Bekannte vom Theater stößt. Auch Dörr hat bei den „Fallers" einen Schauspieler wieder getroffen, mit dem er vor über 15 Jahren schon einmal zusammengestoßen war, als er Regieassistent am Basler Theater war. Das Stück, an dem er mitarbeitete, war „Die Kunst der Komödie". „Damals waren mir die Gepflogenheiten am Theater noch nicht so bekannt. Bei den Proben saß ich oft in der ersten Reihe und habe die Füße auf die Bühne gelegt und alles einfach ein bißchen locker gesehen. Und dann kam dieser Schauspieler zu mir her – wir haben ihn damals alle bewundert, er war ein gestandener Mann – und meinte, ich solle die Füße von der Bühne nehmen. Wenn ich zum Theater wolle, müsse ich noch sehr viel lernen. Und dann hat er immer ‚Buebele' zu mir gesagt. Das fand ich natürlich gar nicht so lustig. Ich kam mir ja damals schon ziemlich welterfahren vor."

Der gestandene Schauspieler, der das „Buebele" damals in seine Schranken verwiesen hatte, war Wolfgang Hepp, der Hermann bei den Fallers und Serienvater von Karsten Dörr. Ein weiterer Beweis für Dörrs These, daß man sich im Leben immer zweimal trifft.

Seit seiner Zeit als Schauspielschüler hat sich Karsten Dörr gewünscht, in Berlin zu leben, mittendrin in der Metropole. Mittlerweile wohnt die Familie seit zweieinhalb Jahren in der neuen Hauptstadt und ist, so Dörr, „immer noch nicht richtig angekommen". Mit Mitte Dreißig noch einmal ganz neu anzufangen, ist nicht einfach, sagt er. Zwar läuft beruflich alles nach Wunsch, der Fernseh- und Filmmarkt ist groß, und auch an den Berliner Bühnen tut sich was. Aber, Freiheitsdrang hin oder her, das Großstadtgetümmel ist fast ein bißchen zu heftig für einen, der aus der beschaulichen Schweiz kommt und der in seiner Freizeit am liebsten Bergsteigen und Marathonlaufen würde. Auch für die Kinder könnte sich Dörr optimalere Lebensumstände vorstellen, mit Wiesen und Wäldern vor der Haustür wie damals in Riehen. Aber zunächst heißt die Devise: Durchhalten und nicht klein beigeben und wenn's sein muß, die Zähne zusammenbeißen. Vielleicht ist ja dieses „Zähne zusammenbeißen" das „Fallerische" an Karsten Dörr.

In Bernhard hat Christina einen echten Freund gefunden.

»Monique«
Anne von Linstow

Die Bedienung in einer kleinen Baden-Badener Parfümerie, eine gut erhaltene Mittfünfzigerin mit sauber ondulierten Haaren, etwas Rouge auf den Wangen und ein bißchen Schmuck um Hals und Handgelenk, ist ihrer Kundin gegenüber voller Bewunderung und Mitgefühl zugleich: „Aber das ist ja ganz unglaublich, daß Sie schon wieder auf den Beinen sind!" Die Betonung liegt auf „unglaublich", „Sie" und „Beinen". Anne von Linstow schaut die Verkäuferin etwas ratlos an. „Ja, hören Sie", fährt die Dame mit leuchtenden Augen fort, „vor zwei Tagen erst haben Sie doch Ihr Kind gekriegt, und jetzt sind Sie schon wieder in der Stadt unterwegs, und man sieht Ihnen die Strapazen überhaupt nicht an! Sie sollten sich aber noch schonen, lassen Sie sich das von einer zweifachen Mutter wie mir sagen!" Was soll das? Anne von Linstow ist etwas verunsichert. Das muß ja wohl eine Verwechslung sein, geht es ihr durch den Kopf. Doch die Frau auf der anderen Seite der Ladentheke läßt nicht locker. Und da wird ihr schlagartig klar, daß das offenbar gar keine Verwechslung ist und wohl auch kein platter Scherz. Anne von Linstow schaut etwas irritiert drein, murmelt noch was von „mir geht's gut, ich bin gesund und vielen Dank auch" und sieht dann zu, daß sie den Laden ohne weitere Diskussion auf dem schnellsten Wege wieder verläßt.

Dies alles liegt mittlerweile zwar rund fünf Jahre zurück, Anne von Linstow ist es aber so präsent, als wäre es gestern erst gewesen. Denn das ist ihr während ihrer Karriere als Schauspielerin noch nie passiert: eine solch absurde und komplette Vermischung ihrer Person mit der Rolle, die sie gerade spielt. Das muß sie erst einmal verkraften. Es stimmt: vor zwei Tagen ist die „Faller"-Folge im Fernsehen gelaufen, in der sie den kleinen Albert zur Welt gebracht hat. Sie selbst hatte im ersten Augenblick in der Parfümerie gar nicht daran gedacht, denn der Dreh für diese Folge liegt ja immerhin mehrere Monate zurück. Aber da scheint es doch tatsächlich Menschen zu geben, die offenbar Fernsehen und Realität nicht mehr auseinanderhalten können – oder nicht auseinanderhalten wollen. Dinge, Verhaltensweisen, über die man in Schauspielerkreisen eher seine Witze macht – plötzlich sind sie für Anne ganz nah und ganz konkret in einer Parfümerie mitten in Baden-Baden!

„Diese Menschen denken wohl: Ich schau die ja jeden Sonntag an, wir kennen uns doch. Ich seh sie, also sieht sie mich doch auch." Wie reagiert man darauf, als Schauspielerin, als Star in einer Fernsehserie? Anne von Linstow zuckt mit den Schultern: „Das ist schwierig. Denn eigentlich habe ich ja gar kein Recht, den Leuten mit einem Knall ihre Illusionen wegzunehmen, genau jene Illusionen, an deren Entstehen ich ja nicht ganz unwesentlich mitgewirkt habe." So dicke wie in der Baden-Badener Parfümerie kommt es natürlich nicht alle Tage. Gott sein Dank! Der Normalfall ist die Autogrammstunde mit Tausenden von Fragen, mit Fragen, die fast ausschließlich der Monique Guiton von den Fallers gelten und nicht der Anne von Linstow persönlich. „Über mich privat wollen sie kaum was wissen, vielleicht mal, ob ich verheiratet bin. Das war's dann meistens

schon. Das Interesse der Menschen dreht sich fast immer darum, wie es weitergeht bei den Fallers, warum das mit Bernhard so gekommen ist, wie es dem kleinen Albert geht und warum das mit Alex jetzt gerade so läuft und nicht anders." Geht das ein bißchen an die Eitelkeit, wenn sich alle nur für die Rolle, die sie spielt, interessieren, um sie persönlich aber kaum? „Überhaupt nicht. Denn ich bin an der Rolle der Monique ja ganz nah dran, auch persönlich. Ich muß mich da nicht verbiegen. Ich mag die Atmosphäre auf dem Bauernhof auch privat. Mein Großvater hat auf dem Land gelebt. Ich war als Kind im Stall, bei den Tieren. Nur die Kühe melken, das mußte ich erst noch lernen, den sicheren Umgang mit der Melkmaschine, und der Kuh einfach einen Klaps geben, damit sie auf die Seite geht. Dieses Sich-Bewegen in dieser Umgebung, das sollte in einem drin sein. Wenn ich an meinen Text denken muß und dann auch noch daran, ob jetzt der Handgriff mit der Melkmaschine stimmt, dann kommt das nicht mehr natürlich rüber. Und wenn ich Angst vor den Kühen hätte, dann würde man das im Film natürlich merken."

Das Interesse der Zuschauer zeigt ihr: Die leben mit der Serie, sie leiden mit ihr, sie freuen sich mit ihnen. Die lassen sich anscheinend einfach gerne entführen in die Welt des Fallerhofes. Und dieses Entführen in die Welt des Fallerhofes geht nach Annes Einschätzung auch deshalb so einfach und so schnell, weil die Geschichte und die Geschichten, die diese Fernsehserie erzählt, ganz nahe an der Realität sind. Die Umgebung ist nicht aufgesetzt, die Menschen wirken „normal" und nicht verkünstelt, die Probleme, mit denen sich die Mitglieder der „Faller"-Familie Tag für Tag beziehungsweise Folge für Folge herumschlagen müssen, sind Probleme, die in jedem durchschnittlichen Haushalt vorkommen. Und gelacht wird über das, worüber jeder lacht: über die kleinen und die großen Freuden des Alltags. Wie gerät eine junge, charmante, gutaussehende Französin nun eigentlich auf diesen Bauernhof im Hochschwarzwald? Die Liebe war's natürlich, die Liebe zu Bernhard, einem der „Faller"-Söhne. Daß das am Anfang nicht ganz einfach war, liegt auf der Hand. Daß sie aber im Laufe der Zeit akzeptiert wurde und mittlerweile zum Fallerhof gehört, ohne eine „echte Faller" zu sein, das zeigt sich, als sie mit einer mysteriösen Virusinfektion im Krankenhaus liegt. Wochenlang bangt der ganze Hof um ihr Leben, und vor allem ihre Schwiegermutter Johanna bemüht sich, trotz ihrer eigenen Probleme, Monique die Sorge um ihr Kind und Alex die zusätzliche Arbeit mit dem kleinen Albert abzunehmen. Als nach langer Zeit des Zitterns endlich wieder die Sonne scheint, erfüllt Moniques Lebensgefährte Alex ihr einen großen Wunsch: eine Reise in die Provence, zu den Lavendelfeldern, zur Sonne Südfrankreichs und ins Künstlerstädtchen St. Paul an der Côte d'Azur. Dort hat sie als Kind mit ihren Eltern oft die Ferien verbracht – der ideale Ort also, die Lebensgeister wieder so richtig zu wecken.

In der Realität hatten die für die „Faller"-Serie Verantwortlichen zweifellos ein glückliches Händchen, als sie die fast schon geniale Idee aufgriffen, in das Bodenständige, leicht

Zwischen Bernhard und Monique fliegen nicht nur an Silvester die Funken.

Behäbige, etwas Schwerblütige, manchmal recht Introvertierte und gelegentlich auch ziemlich Bruddlerhafte des Hochschwarzwälder Menschenschlages mit der Figur der Monique eine gute Portion frischen französischen Charme und Elan hineinzumischen. Und zwar nicht etwa gespielten, sondern echten! Denn Anne von Linstow spielt nicht nur die junge Französin. Sie ist Französin. Genauer: Halbfranzösin. Ihr Vater kommt aus Deutschland, ihre Mutter aus Frankreich. Daß sie mehr aus Zufall in Bayern auf die Welt gekommen ist, hakt sie ab nach dem Motto: wenn eine Katze im Fischladen Junge bekommt, dann sind es auch keine Heringe. Nein: Charme und Akzent sind bei ihr original französische Erbmasse. Die Familie lebt im südfranzösischen Toulouse, der Vater arbeitet dort bei Airbus-Industries.

So ist sie zweisprachig aufgewachsen, wobei Französisch aber immer ihre tägliche Umgangssprache war. Die Übung mit der deutschen Sprache ist dabei im Laufe der Zeit etwas zu kurz gekommen. Doch als sie dann über ihre Agentur vom Angebot aus Baden-Baden erfuhr, in einer deutschen Fernsehserie mitzuspielen, in der sie deutsch mit deutlich französischem Akzent sprechen sollte, da war das ein Traumangebot für sie. Dabei hat sich für sie eine interessante persönliche Entwicklung ergeben, die sie voll in die Rolle einbringen konnte: Zunächst fiel ihr deutsch zu sprechen nicht leicht, sie mußte nach Worten suchen, flüssig über die Lippen kam es anfänglich nur mit Mühe. Denn die tägliche Übung fehlte ihr doch ziemlich. Mit der Zeit ging das immer besser. Und genau so hat sich ihre Art zu sprechen auch im Film weiterentwickelt. Ganz normal und natürlich.

Und dabei hat sie, quasi als angenehmen Nebeneffekt, auch noch das Glück, nie mit der Frage konfrontiert zu werden, warum sie denn kein „richtiges" Badisch spreche. Diese Frage müssen sich die anderen „Faller"-Schauspieler immer wieder gefallen lassen. Anne von Linstow ist bei

Freundinnen! *Tierische Mutterliebe.*

diesem Thema fein aus dem Schneider. Denn diese Frage nach dem „richtigen" badischen Dialekt sorgt, wenn sie denn wieder und wieder gestellt wird, bei den anderen Schauspielern mittlerweile schon für gelegentliches entnervtes Stirnerunzeln. Genau genommen ist diese Frage ja auch ein bißchen ungerecht. Denn so eine Art allseits akzeptiertes Salon-Badisch, wie es etwa ein Honoratioren-Schwäbisch gibt, auf das sich alle Schwaben von Saulgau über Stuttgart bis nach Heilbronn problemlos als gemeinsamen Nenner verständigen können, gibt es in Baden einfach nicht. Dafür sind nicht nur die Unterschiede der im Badischen gesprochenen Dialekte vom Bodensee nach Lörrach über Mannheim bis hoch ins nördliche Tauberbischofsheim viel zu groß. Auch im Schwarzwald selbst braucht man in manchen Gegenden nur von einem Tal über den Buckel ins nächste zu gehen, und schon ist die Dialektfärbung komplett anders, obwohl nicht einmal fünf Kilometer Luftlinie dazwischenliegen.

Schauspielerin zu werden, davon träumte Anne von Linstow schon als Kind. Hauptsache spielen, sagt sie auch heute noch, Theater, Film, Fernsehen ... egal, Hauptsache spielen, lautet ihre Devise. An der privaten Schauspielschule École Florent in Paris bekam sie 1987 ein Stipendium. 1990 schaffte sie es, einen von 200 begehrten Plätzen am Conservatoire d'Art Dramatique zu bekommen. Theater spielte sie bereits während ihrer Ausbildung, und am Theater erhielt sie auch ihre ersten Engagements. Diese Zeit vermißt Anne von Linstow heute manchmal, denn das Fernsehen läßt ihr keine Zeit mehr, weiter auf der Bühne zu stehen. Aber die Bühne muß zumindest im Augenblick zurückstehen, denn alles auf einmal zu machen, das geht halt nicht. Denn Bühne und Fernsehen sind für sie auch zwei ganz unterschiedliche Dinge, fast wie zwei unterschiedliche Berufe. „In einer Serie hat man die Möglichkeit, in eine Rolle hineinzuschlüpfen, man hat Zeit für sie, sie kann und muß sich ja entwickeln. Dinge, an die man am Anfang überhaupt nicht gedacht hat, die kommen dann. Auch jetzt, nach fast fünf Jahren bei den ‚Fallers', passiert das immer noch. Da entwickelt sich eine Persönlichkeit wie im richtigen Leben."

1993 drehte sie ihren ersten Kinofilm: „Grande Petite" unter der Regie von Sophie Filières. Während der Dreharbeiten zu den „Fallers" fand sie noch Zeit für andere Spielfilm-Engagements. So ist sie dem deutschen Publikum durch die Südwestfunk-Produktion „Nana" ein Begriff, in der sie die Hauptrolle spielte unter der Regie von Miguel Aleksandre. Aber so richtig kennen die deutschen Fernsehzuschauer sie durch ihre Rolle bei den „Fallers". Aus Anne von Linstow wurde Monique Guiton. Schauspieler-Karriere in einer Fernsehserie. Dabei hatte sie ursprünglich keinerlei Serien-Erfahrung. Nun ist sie schon seit fast fünf Jahren mit dabei. Und sie ist es immer noch gerne. Das liegt für sie auch daran, daß die Schauspieler von Anfang an sehr sorgfältig ausgesucht wurden. „Die passen einfach zusammen. Typ, Charakter, alles stimmt." Deshalb wird es die Monique auf dem Fallerhof noch eine ganze Weile geben.

»Alex«
Folkert Milster

Ostersonntag auf dem Fallerhof. Die Sonne scheint, der Himmel ist himmelblau. Die Narzissen in den Blumenkästen leuchten in sattem Gelb, der Kranz an der Haustür hängt voller buntbemalter Ostereier. Die gesamte Familie hat sich zum Osterschmaus eingefunden, um, nebenbei, das preisgekrönte Kalbsbrust-Rezept von Johanna Faller zu testen: Kati ist zusammen mit Eva und deren Freund angereist, und sogar Bernhard hat den Weg von Freiburg herauf gefunden.

In der Scheune suchen Monique und Alex gemeinsam mit dem kleinen Albert die Ostereier, die der Osterhase dort für ihn versteckt hat. Sie haben viel Spaß, tollen im Heu herum, kichern, und Albert ist ganz aus dem Häuschen, wenn er ein neues Nest entdeckt hat. Da taucht Bernhard auf. Augenblicklich ist Schluß mit der guten Laune. Die Stimmung kippt, die Spannung steigt, Alex' Miene verfinstert sich. Es dauert keine zwei Minuten, und die beiden liegen sich in den Haaren. Und Monique ärgert sich, daß sie mit Albert und Alex über Ostern nicht einfach weggefahren ist.

Bernhard und Alex, Alex und Bernhard. Ihr Verhältnis dreht sich im Kreis. Von Anfang an war der Dauerstreß zwischen den beiden vorprogrammiert, seit Monique in Alex einen Ersatz-Vater für ihren Sohn gefunden hat und mit ihrer kleinen Familie im Leibgeding der „Fallers" wohnt. Bernhard, so scheint es, hat die Trennung von Monique längst bereut und läßt sich immer häufiger auf dem Hof blicken. Kein Wunder, daß Alex die Situation manchmal ganz schön auf die Nerven geht. Und nicht nur der Fernseh-Figur Alex. Auch der Schauspieler Folkert Milster, der den Alex darstellt, hat so seine Schwierigkeiten mit dem Dreiecks-Verhältnis. Manchmal wirken die fiktiven Konflikte emotional sogar noch bis in den Abend nach. „Es gab eine ganz intime Szene in unserem Wohnzimmer. Bernhard war gerade zu Besuch, wollte seinen Sohn sehen, und Julian, also der Albert in der Serie, war müde. Und dann lag er so da, die „Eltern" saßen neben ihm, und es war eine richtig schöne ruhige Szene. Da platzte ich rein und sah das ganze und reagierte natürlich entsprechend mit Eifersucht. Als wir uns abends in der Kneipe getroffen haben – wir gehen öfter nach Drehschluß zusammen ein Bier trinken, Anne, Karsten und ich – dachte ich: ‚Warum sitze ich eigentlich hier, ich störe ja doch nur'. Die Szene vom Nachmittag hatte mich auf einer ganz tiefen emotionalen Ebene getroffen. Da fiel es mir für einen kurzen Moment richtig schwer, Privatleben und Rolle zu trennen."

Vielleicht liegt das auch ein bißchen daran, daß Folkert Milster selbst erst vor kurzem Vater geworden ist und ihm momentan alles, was mit Kindern zu tun hat, besonders nahe geht. Sein Sohn Paul Lennart ist zur Zeit die Hauptperson, neben seiner Frau natürlich, die er kennengelernt hat, als er bei einem Freund in Tübingen zu Besuch war. Dort wohnt die Familie zur Zeit noch. Umzugspläne sind aber in Arbeit, denn für einen Schauspieler ist Tübingen dann eben doch nicht der Nabel der Welt, besonders, wenn man viel für's Fernsehen arbeitet.

Bei den „Fallers" ist Folkert Milster nun schon seit vier Jahren mit von der Partie und sorgt als Alex Fehrenbach immer wieder für Konfliktstoff und Bewegung. „Der Alex, das ist schon der Stachel im Fleisch. Das ist nicht die Figur, die Ruhe hereinbringt. Daran ist aber auch der Hermann schuld, der den beiden aus reiner Berechnung das Leibgeding angeboten hat. Die Konstellation war von Anfang an schwierig, und auch als Schauspieler wünscht man sich manchmal eine Phase, in der man ein bißchen ‚durchschnaufen' kann. Aber die Situation steht permanent auf Messers Schneide, sei es das Verhältnis zu Bernhard oder zu Wilhelm. Es war eigentlich immer Randale. Ich weiß nicht, wie es den anderen Kollegen geht, aber es gibt schon Drehtage, die gehen einem mehr an die Nieren, da komme ich am Abend reichlich ausgepowert nach Hause."

Daß man als Schauspieler manchmal in Rollen steckt, die einen über das normale Maß in Anspruch nehmen, hat Folkert Milster auch schon ziemlich am Anfang seiner Karriere als Schauspieler gemerkt. Nach der Ausbildung an der Max-Reinhardt-Schule in Berlin bekam er sein erstes Engagement am Berliner Grips-Theater, ein Kinder- und Jugendtheater mit politischen Ambitionen, das in den siebziger Jahren vor allem die Veränderung der gesellschaftlichen Bedingungen zum Ziel hatte und besonders die benachteiligten Jugendlichen ansprechen wollte. Drei Jahre war Milster Mitglied des Ensembles. „Die Zeit möchte ich im Leben nicht missen. Ich habe unheimlich viel gelernt. Das erste Stück, in dem ich mitspielte, hieß ‚Voll auf der Rolle', da habe ich den ‚Atze' gespielt, ganz kurzfristig, weil es eine Umbesetzung gab. Ich hatte kaum Zeit zum Proben. Ich kam also von der Schule, wo wir uns ein halbes Jahr lang mit 15 Textzeilen beschäftigt hatten, direkt in die knallharte Wirklichkeit eines Kinder- und Jugendtheaters. Dieses Publikum kennt kein Pardon. Da gibt es keinen höflichen halbherzigen Beifall, wenn das Stück nicht gefallen hat. Sobald man nur einen ‚halben Meter' daneben liegt, kriegt man von den Kindern dermaßen was um die Ohren ... Man lernt nicht nur als Schauspieler unglaublich viel, man lernt auch, mit den Reaktionen der Zuschauer umzugehen. Das Härteste, was ich in dieser Hinsicht erlebt habe, war ein Auftritt in einem Jugendknast in Berlin. Da habe ich in einem Stück einen Neonazi gespielt. Die Turnhalle war voll mit Jugendlichen, und ich kann Ihnen sagen, die Stimmung war hochexplosiv. Das Stück ging um Ausländerfeindlichkeit, und wir hatten alle Angst, daß manches davon, diese ganzen Symbole, die Hakenkreuze und Wehrmachtsfahnen, als Zündstoff wirken und auf fruchtbaren Boden fallen, gerade in die andere Richtung als die, die wir wollten. Da saßen deutsche Jugendliche und ausländische, es hätte genug Potential gegeben, um das Pulverfaß zum Explodieren zu bringen ... Diese Erlebnisse haben schon das Verhältnis zu meinem Beruf geprägt. Früher haben wir geglaubt, wir könnten mit dem Theater die Welt verändern. Inzwischen bin ich zu der Einsicht gelangt, daß man als Schauspieler relativ wenig Einfluß auf sein Publikum hat. Aber ich glaube trotzdem, daß es auch heute im Fernsehen und im Thea-

Alex verarztet nicht nur das liebe Vieh!

ter noch Bereiche gibt, wo man Impulse setzen kann, wo man Geschichten erzählen kann, die das Publikum anrühren."

Daß Folkert Milster heute als Alex fast jeden Sonntag abend für Spannung in Herzensangelegenheiten sorgt, verdanken wir der Tatsache, daß Milster ein „grottenschlechter" Schüler mit einer recht bewegten Schülerkarriere war. In der letzten Klasse vor dem Abitur hatte er einen Deutschlehrer, der gleichzeitig Musik unterrichtete. Als dieser Lehrer einzelne Schüler fragte, ob sie Lust hätten, in einer Chansongruppe mitzumachen, war Milster sofort dabei. Schließlich wußte er, daß er diesen Lehrer im Abitur haben würde, und mit ein bißchen Glück könnte er sich den Prüfer wohlgesonnen machen... Die Strategie ging auf, und Milster bestand seine Reifeprüfung. Aber was viel wichtiger war: die Frau seines Bruders wurde auf Folkert Milster aufmerksam, und diese Frau war Schauspielerin.

Zunächst aber wandte sich Milster etwas Handfesterem zu. Nach einem Montagejob arbeitete er über eineinhalb Jahre als Erzieher in einem Lehrlingsheim, bis er sich 1980 dann endgültig für den Schauspielerberuf entschied. Das hat seinen Eltern zwar gar nicht gefallen, seiner Mutter wäre ihr Sohn als Jurist oder Lehrer viel lieber gewesen. Auch war das erste Engagement am „linken" Gripstheater nicht gerade salonfähig, aber mittlerweile ist der Sohn als Schauspieler auch bei seinen Eltern akzeptiert. Übrigens: die vier Jungen aus besagter Chansongruppe sind alle Schauspieler geworden...

Seit seinem ersten Tatort, in dem Milster 1987 mitspielte – es war ein „Schimanski" –, hat sich seiner Meinung nach im Fernsehen viel verändert. Er erinnert sich an ein Gespräch, das er seinerzeit mit dem inzwischen verstorbenen Schauspielerkollegen Eberhard Feik geführt hat. Der war der Auffassung, daß die Werbeindustrie immer mehr Einfluß auf das Programm bekäme. Daß sie mitspricht bei dem, was gedreht wird, mit welchen Schauspielern, für welche Zielgruppe. Diese Entwicklung hat sich eher noch beschleunigt, sagt Milster heute. Vor allem bei den privaten Sendern werde sehr viel Rücksicht auf die Werbeindustrie genommen, was ja auch kein Wunder sei, denn schließlich verdienen die Privaten ihr Geld mit der Werbung. Aber dennoch gibt es immer noch Nischen, in denen man ein etwas anderes Programm zeigen kann. Die „Fallers" sind für Milster dafür ein gutes Beispiel. Zwar muß natürlich auch hier auf die Zuschauerquote gesehen werden. Aber eine „Peng-Bumm"-Serie, wie er sagt, wird man aus den „Fallers" nie machen. Der Wert, der auf die gute handwerkliche Arbeit bei der Produktion gelegt wird, ist für Milster eine wesentliche Unterscheidung zu anderen Serien. Und die Qualität der Schauspielerkollegen, mit denen er sich zum Teil inzwischen fast „blindlings" versteht. „Gerade mit der Anne habe ich so ein Zusammenspiel. Es kann schon passieren, daß manchmal etwas anderes geschieht, als es das Drehbuch vorsieht, vor allem wegen dem Kind, das

Annäherungsversuche: Wilhelm,
Alex und Waschbär Willi!

hat man nicht immer so ‚im Griff'. Dann improvisieren wir schon mal. Das kenne ich eigentlich nur vom Theater, auch wenn man die Arbeit am Theater kaum mit dem Drehen einer Fernsehserie vergleichen kann. Aber es ist ein Riesenvorteil, wenn man so lange zusammenarbeitet. Sich so aufeinander einspielen kann man wirklich nur, wenn man sich gut kennt."

Als Riesenvorteil sieht es Milster für sich auch, eine Figur über einen so langen Zeitraum zu spielen. Man hat die Chance, sich ganz ruhig auf die Figur vorzubereiten und ihr ein eigenes „Gesicht" zu geben. Der Tierarzt, den Milster bei den „Fallers" verkörpert, gefällt ihm als Rolle sehr gut. Zwar hatte der Schauspieler früher mit Tieren höchstens im Zoo zu tun, aber sein Beruf ist für ihn unter anderem deshalb so interessant, weil er ihm die Chance gibt, in Bereiche hineinzuschnuppern, mit denen er sonst überhaupt nicht in Berührung kommen würde.

In unbekannte Bereiche vorzudringen, hatte der Schauspieler in der Vergangenheit reichlich Gelegenheit. Nach den Jahren beim Grips-Theater hatte er Engagements in Köln, Berlin, Esslingen, Braunschweig und Tübingen. Daneben war er, von einigen Unterbrechungen abgesehen, in denen er nur Theater gemacht hat, viel mit Film und Fernsehen beschäftigt. Er hat Rollen als Arzt oder Spion gespielt, als Zuhälter, Rechtsanwalt und Leutnant, sogar einen Engel hat er verkörpert, in dem Film „The Change" von Markus Breuer. Aber selten hatte er so große Resonanz beim Publikum wie als Tierarzt Alex Fehrenbach,

Französischer Charme!

und das freut ihn. „Ich finde es schön, wenn ich merke, daß wir die Leute mit unserer Serie betreffen. Wenn es uns gelingt, unsere Geschichten so zu erzählen, daß wir zu den Zuschauern Kontakt aufbauen können. Neulich wollte ich ein neues Auto kaufen, jetzt mit Familie brauchen wir einen größeren Wagen, und da hat mich der Autohändler auf den Alex angesprochen. Wir haben uns erst eine Ewigkeit über die Serie unterhalten, und dann hat er mir alle Vorzüge und Nachteile der verschiedenen Automarken dargelegt."

Bei den Dreharbeiten zu den „Fallers" hat Milster das Leben in einer bäuerlichen Großfamilie erlebt, nicht nur in der Fernseh-Familie, sondern auch bei den echten Bewohnern des Fallerhofs. Für ein Kind, sagte er, seien die Lebensbedingungen in einer Familie mit mehreren Generationen ideal, weil sie Perspektiven bieten, die weit über die üblichen Beziehungen zu Vater und Mutter in einer normalen Kleinfamilie hinaus reichen. Aber ein solches Familienleben auf dem Lande steht für Folkert Milster eher in weiter Ferne. Irgendwann in der nächsten Zeit wird die Familie wohl aus Tübingen wegziehen. Hamburg oder Berlin stehen zur Debatte, Orte, in denen man einfach näher am Geschehen in der Film- und Fernsehwelt ist. Seit er Vater ist, reicht es Folkert Milster nicht mehr, nur von einem Engagement zum nächsten zu denken. Paule will schließlich auch sein Recht und eine gesicherte Zukunft. Und die wiederum hängt vom „Marktwert" des Vaters ab.

»Heinz«
Thomas Meinhardt

Seit Thomas Meinhardt zu Dreharbeiten für die „Fallers" in Namibia war, hat ihn das Land nicht mehr losgelassen. Fotos liegen auf dem Tisch: endlose Steppen, Bäume, die ihre dürren Äste in die Höhe recken, Elefantenfamilien, Himmel bis zur Erde. Auf einer Aufnahme ist die Film-Crew zu sehen. Fröhliche Menschen an einem langen Tisch im Innenhof einer Farm, gelöst und entspannt wie auf einem Urlaubsfoto. Dorthin, in den Süden Afrikas, würde der Schauspieler Thomas Meinhardt lieber heute als morgen zurückkehren. Und wenn man eine Phantasie-Figur beneiden könnte, dann würde er den Heinz Faller beneiden. Der lebt, laut Drehbuch, die meiste Zeit als Missionar in Namibia, auf der anderen Seite des Äquators.

Heinz ist neben Hermann und dem intriganten Franz der dritte im Bunde der „Faller"-Brüder. Er verkörpert in den engen Schwarzwaldtälern das Weltläufige, Tolerante. Der Missionar ist einer, der hinhört statt zu belehren. Einer, der bei Konflikten zuerst beide Seiten zu Wort kommen läßt. Und der immer versucht, keine Patentrezepte anzubieten, sondern der Lösungen suchen hilft. Der „Heinz" ist eine Rolle, mit der sich Thomas Meinhardt voll identifizieren kann. „Er ist ja kein gewöhnlicher Pfarrer. Er ist einer, dem die Kirche, also die Kirche als Institution, ziemlich egal ist. Er verhält sich unkonventionell, gar nicht so, wie man es von einem Pfarrer erwarten würde. Natürlich glaubt er an Gott, aber so, daß er diesen Gott in allen möglichen Dingen sieht: in jeder Pflanze, in jedem Lebewesen. Und er vertritt Ideale. Das gefällt mir an der Figur. Ihr ist das Materielle nicht so wichtig. Deshalb hat der Heinz auch die Missionsstation in Afrika einer Pfarrei im Schwarzwald vorgezogen. Er wollte raus aus der Enge, auch raus aus der Enge der Gedanken. Ich habe mich viel mit Buddhismus beschäftigt, und eine zentrale Lehre ist, daß das Leid der Welt aus Haß, Gier und Unwissenheit entsteht. Ich glaube, daß der Heinz jemand ist, der Haß, Gier und Unwissenheit beseitigen möchte oder zumindest dabei helfen will. Und er vertritt keine Dogmen. Insofern ist von diesem ‚buddhistischen' Gedankengut ziemlich viel in der Figur angelegt. Und dadurch hat sie auch wieder ganz viel mit mir zu tun."

Auch in seiner Biographie macht Meinhardt Parallelen zur Fernsehfigur aus. Mehr noch: Der reale Thomas Meinhardt sieht in dem erfundenen Heinz Faller einen Gleichgesinnten. Wie der Fernseh-Pfarrer hat auch der Schauspieler nicht das getan, was alle von ihm erwartet haben. Aufgewachsen ist er im Schwarzwald, in einem Dorf bei Freiburg, als einer von vier Söhnen eines anthroposophischen Arztes. Nach der Familientradition sollte auch er Medizin studieren. Statt dessen ging er auf die Schauspielschule – gegen den Willen seines Vaters, der sich weigerte, das Schauspielstudium zu finanzieren. „Ich hatte damals ein sehr wertvolles Cello und hätte eine Karriere als Cellist vor mir haben können. Da bin ich hingegangen und habe mein Cello verkauft und mir mit dem Geld mein Studium finanziert. Drei Jahre in Hamburg. Ja, es war ein ziemlich teures Cello."

Bei so viel Nähe zur Figur ist es nicht verwunderlich, daß sich für Thomas Meinhardt die Grenzen zwischen Realität

und Rolle manchmal verwischen. "Ich fühle mich dem Heinz sehr nahe. Aber das versuche ich sowieso immer: möglichst eins zu werden mit der Rolle, die ich gerade spiele. So, daß man gar keinen Unterschied mehr sieht zwischen dem Schauspieler und der Figur. Ein ganz berühmter Vertreter dieser Auffassung von Schauspielerei ist Robert de Niro. Der geht monatelang in ein Krankenhaus, wenn er sich auf eine Rolle als Arzt oder Pfleger oder auch als Patient vorbereitet. Das ist eine ganz bestimmte Art, sich eine Rolle zu erarbeiten, ein Anliegen, das auch ich habe: die Figur so weit an mich heranzuziehen, daß nichts anderes mehr dazwischen kommt, daß man eins wird. Und da macht es mir der Heinz wirklich leicht."

In andere Figuren schlüpft man möglicherweise weniger gern hinein. Was passiert, wenn man einen Vergewaltiger spielen soll oder einen Mörder? Baut man da als Schauspieler nicht automatisch eine größere Distanz auf als zu einem freundlichen, netten Menschen, der keinem etwas zuleide tut? Meinhardt schiebt die Fotos auf der Tischplatte hin und her. "Sicher, aber wenn man sich der Psychologie eines Massenmörders oder der eines Faschisten nähert, kann das äußerst spannend sein. Problematisch ist nur, daß man eine solche Figur dann eine Zeitlang mit sich herumträgt, auch ins Private hinein. Das kann psychisch ganz schön belastend werden. Aber auf der anderen Seite hat man als Schauspieler die große Möglichkeit, sich auszuprobieren in Bereichen, die für andere Menschen tabu sind. Das hat eine echt ‚reinigende' Wirkung auf die Psyche. Und man

Johanna zwischen zwei Männern!

wird noch bezahlt dafür. Oft habe ich eher die Bösartigen gespielt, die Extremen, die psychisch Zerstörten. Die spiele ich gerne. Aber diesen Pfarrer eben auch. Diese Figur ist wie ein Labsal."

Auch Meinhardt kommt vom Theater. Er stand in München auf der Bühne, in Stuttgart, Bremen und Bonn. Zur Zeit lebt die Familie Meinhardt in München. Seit über 25 Jahren ist Meinhardt Theaterschauspieler, daneben gab es immer auch Rollen im Fernsehen. Er hat, unter anderem, mit Dieter Wedel gedreht und war in „Der große Bellheim", im „König von St. Pauli" und im „Schattenmann" zu sehen. Als man ihm eine Rolle in den „Fallers" angeboten hatte, zögerte er nicht lange. „So eine Figur wie der Heinz hat auch noch was mit Theater zu tun. Als Pfarrer auf der Kanzel zu stehen und so viele Leute vor sich zu haben – das ist schon ein sehr theatralischer Moment, selbst für den Schauspieler, der ja die Rolle nur spielt. Wenn man da oben steht und wartet... Man fühlt sich plötzlich ganz seltsam. So verantwortungsvoll. Man kann den Menschen ins Gewissen reden, ganz anders als man das vielleicht am Biertisch machen würde." Aber man wird als Serien-Schauspieler von seinen Theaterkollegen vielleicht auch nicht so ernst genommen. Überhaupt stellt das Fernsehen andere Ansprüche an einen Schauspieler. Das Theater ist ganzheitlicher, die Akteure sind vom ersten bis zum letzten Moment dabei. Beim Fernsehen ist die Verantwortung für das Ganze nicht so groß. „Natürlich ist das Theater anspruchsvoller. Dort muß ich für alles ‚bar bezahlen', von der ersten Minute bis zum

Schlußapplaus. Beim Fernsehen hat man normalerweise überhaupt keinen Einfluß auf den Schnitt, also auf das Endprodukt. Und es ist schließlich enorm wichtig, wie ein Film geschnitten ist. Die Schauspielerei ist beim Fernsehen ein Element unter vielen. Aber auch unter den Fernsehleuten gibt es Perfektionisten. Wenn man mit Dieter Wedel dreht, kann es passieren, daß man hundert Mal die Tür reinkommen muß, bis es ihm gefällt. Das ist der Job, daß man beim hundertsten Mal immer noch so locker reinkommt wie beim ersten Mal. Das klappt natürlich nicht immer. Einmal hat mich Wedel bei Dreharbeiten fürchterlich zur Schnecke gemacht, daß es schlimmer nicht geht. Irgendwie ist es nicht so gelaufen, wie er es sich vorgestellt hat. Nach jedem Unterbrecher wurde es nervenaufreibender. Irgendwann habe ich es nicht mehr gepackt und ihn um zwei Minuten Geduld gebeten, damit ich mich wieder sammeln kann. Er stand neben mir und hat die ganze Zeit auf die Uhr geschaut. Dann hat er gesagt, daß die zwei Minuten um seien. Es hat dann geklappt, aber es hat viel Kraft gekostet."

Aber Meinhardt hat sich durchgebissen. Oder besser gesagt: zurückgesteckt. Auch privat geht er nicht so schnell auf Konfrontationskurs. Er bezeichnet sich eher als einen harmonisierenden Menschen, einen, der nicht gleich Öl ins Feuer gießt, wenn es bei Diskussionen mit Freunden mal so richtig zur Sache geht. „Besonders bei politischen Themen lasse ich die Leute immer erst ausreden. Bis sie keine Worte mehr haben. Dann kann man viel besser eingreifen. Manchmal höre ich aus meiner Umgebung: Mensch, sei doch nicht so Jesus-mäßig. Aber das bin ich gar nicht. Ich bin eher der Kasper. Das war ich schon immer, auch in der Schule. Deshalb bin ich sogar in der Waldorfschule oft vor die Tür gestellt worden." Das will was heißen.

Meinhardts Kinder kommen mit roten Backen vom Schlittenfahren heim. Sofort ist „Leben in der Bude", die Besucher werden begutachtet, Mützen und Mäntel heruntergerissen. Die Schneeverhältnisse und die Abfahrtsgeschwin-

Solche Masken gibt's in Afrika nicht!

Heinz, ein Onkel und Freund.

digkeit der Schlitten geben Anlaß zu Kritik. Meinhardt ist ein Familienmensch. Zeit für seine Kinder zu haben, ist ihm ungeheuer wichtig. Auch deshalb ist er gerne ein „Faller". Sieben, acht Wochen drehen, dann ist wieder die Familie dran. Übrigens: auch Meinhardts Frau Esther Hausmann ist Schauspielerin. Sie hat ein Engagement am Residenztheater in München und spielt demnächst auch bei den „Fallers" mit: als Heinz' ehemalige Geliebte Mechthild aus Studentenzeiten ...

Und die Kritiker? Die sehen in den „Fallers" nicht nur die positiven Seiten. Die Serie sei behäbig und bieder, sagen die einen. Zu oberflächlich, die anderen. Und die dritten finden das Geschehen auf der Mattscheibe viel zu unrealistisch. Wie auch immer: Kritiker, so findet Thomas Meinhardt, sollten lieber beobachten, was wirklich passiert und nicht in erster Linie darauf schauen, ob ihre eigenen Phantasien verwirklicht werden. Ganz abgesehen davon, daß er selbst die Serie ausgesprochen lebensnah findet. „Wenn man den Schwarzwald kennt und mag und wenn man die Menschen, die da leben, kennt und mag, dann merkt man, daß die Serie die Leute genau trifft. Wenn man im Schwarzwald in ein Gasthaus geht, dann sitzen da genau die Leute, die auch in unserer Serie da sitzen könnten. Sie diskutieren über ihre alltäglichen Probleme, die von den Drehbüchern dann aufgegriffen werden. Wir drehen keine Satire und keine Comedy – wir drehen wirkliche Geschichten von wirklichen Menschen. Und wir Schauspieler sehen auch aus wie diese wirklichen Menschen. Wolfgang Hepp könnte ein Bürgermeister sein, ich könnte Pfarrer sein. Das ist relativ ungewöhnlich für deutsches Fernsehen. In der Regel werden die Rollen hier hauptsächlich nach dem Aussehen besetzt, good looking people. Das ist zum Beispiel in Frankreich anders. Da wird nicht so sehr auf das Aussehen, sondern mehr auf den Charakter geachtet. In Deutschland hat man den Eindruck, als würde vorwiegend nach der Werbewirksamkeit besetzt."

Auf einem der Namibia-Bilder sieht man neben Thomas Meinhardt auch Wolfgang Hepp, der bei den „Fallers" den Hermann spielt. Auch ihn verschlägt es nach Afrika, allerdings nur vorübergehend. Hermann ist in fast jeder „Faller"-Folge zu sehen, auch Johanna oder Karl, ganz im Gegensatz zu dem Missionar Heinz. Das hat zwar den Vorteil, daß der Schauspieler Meinhardt zeitlich nicht so sehr an die „Fallers" gebunden ist. Auf der anderen Seite aber könnte er es sich gut vorstellen, die Rolle auszubauen. „Wenn es sein sollte, würde ich mich auch rund um die Uhr für die ‚Fallers' verpflichten. Da gibt's noch so viel, das man sich für den Pfarrer ausdenken könnte. Er könnte in Konflikt mit Rom geraten und aus dem Kirchendienst suspendiert werden. Oder er könnte aus der Kirche austreten, wegen einer Frauengeschichte. Es gibt tausend Möglichkeiten, auch hier im Schwarzwald. Er könnte zum Beispiel eine Dorfpfarrei übernehmen." Noch lieber wäre es Thomas Meinhardt allerdings, wenn der mittlere der drei „Faller"-Brüder eine große Rolle in Afrika bekäme. Dann könnte er öfter zum Drehen dorthin.

»Franz«
Edgar M. Marcus

Eigentlich war das Wetter schuld. Genauer gesagt: ein Hochdruckeinfluß, der Anfang der neunziger Jahre im Februar die Temperaturen in Baden-Baden in frühsommerliche Höhen steigen ließ. Im Norden der Republik herrschte dagegen naßkaltes Winterwetter mit Eisregen und Sturmböen. Der Schauspieler Edgar M. Marcus war gerade aus Hamburg angereist, um in Baden-Baden einen „Tatort" zu drehen. In den Drehpausen saß er in einem der Straßencafés in der Nähe des Kurparks, sah den Menschen beim Cappuccinotrinken zu und genoß die Frühlingssonne. Und da spürte der gebürtige Konstanzer, daß es ihn mit Macht zurück in den Süden zog. Wieder daheim in Hamburg war das Wetter immer noch nicht besser und der Entschluß gefaßt: ein Kollege hatte von einer freien Stelle im Ensemble des Baden-Badener Stadttheaters erzählt, Marcus bewarb sich darum, und kurz darauf war das Engagement perfekt. Drei Jahre war er am Stadttheater, und eigentlich waren seine Frau und er sich einig, daß nach einer schönen Zeit in der „Provinz" wieder mal ein Ortswechsel angesagt sei. Wetter hin oder her, gerade war die Entscheidung gefallen, zurück nach Hamburg zu gehen, als die Anfrage kam, ob er der Filmbösewicht Franz bei den „Fallers" werden wolle. Er wollte.

Für Edgar M. Marcus, das M. steht übrigens für Marius, ist die Figur des Franz, das schwarze Schaf der Familie „Faller", eine sehr interessante Rolle. „Auf der einen Seite ist es für einen Schauspieler immer reizvoll, einen Bösewicht zu spielen. Negative Figuren sind einfach vom Rollenmaterial her viel anspruchsvoller. Die hinterhältigen Typen geben mehr her, da kann man mehr spielen. Ihre Charaktere sind meistens vielschichtiger als die der Braven. Andererseits, und das ist meine persönliche Meinung, könnte man dem Franz noch ein bißchen mehr Biographie geben. Man sieht ihn immer nur in Konfliktsituationen auftauchen. Dann haut er auf den Putz, bringt alles durcheinander und verschwindet wieder. Er ist ja wirklich das pechschwarze Schaf der Familie. Aber man weiß im Grunde gar nicht genau, warum er so fies ist. Da muß in seinem Privatleben irgend etwas geschehen sein, das ihn so hat werden lassen. Das kann nicht nur das verlorene Erbe sein."

Dennoch: das verlorene Erbe ist der Dreh- und Angelpunkt im Verhältnis der Filmbrüder Hermann und Franz. Eigentlich hätte Franz als Jüngster den Hof bekommen sollen, so war es früher im Schwarzwald üblich. Doch Wilhelm, der Vater der beiden, hatte anders entschieden. Er zog den älteren Bruder Hermann als Hoferben vor. Franz, so meinte er, sei einfach nicht der Typ eines Bauern. Diese Idee des Drehbuchs sorgte für ein ergiebiges Spannungsfeld und für Dauerstreit zwischen den beiden ungleichen Brüdern. Dabei schreckt der Jüngere auch nicht davor zurück, seinen älteren Filmbruder mittels Lügen und Intrigen in ernsthafte Schwierigkeiten zu bringen, zum Beispiel durch eine manipulierte Falschaussage im Zusammenhang mit Hermanns folgenschwerem Autounfall.

Daß eine Erbauseinandersetzung ein guter Grund für Rivalität sein kann, ist nicht nur auf den Höfen im Schwarzwald hinreichend bekannt. Edgar M. Marcus findet solche

Konflikte ganz wichtig für die Serie. Sie wäre ihm sonst viel zu „heil", also zu unrealistisch. Den Zuschauern dagegen geht die Hinterhältigkeit des jüngsten Bruders manchmal offensichtlich zu weit. Vor allem denjenigen, die zwischen dem Schauspieler und seiner Rolle nicht so genau unterscheiden. Einmal wurde Edgar M. Marcus bei einer öffentlichen Aktion der „Fallers" sogar von einem jüngeren Ehepaar bespuckt. Von dieser Art Kritik war er doch einigermaßen überrascht.

„Ich habe mich sehr gewundert, welche Emotionen eine fiktive Person hervorrufen kann, welchen ‚Anteil' die Leute an einer Fernseh-Figur nehmen und wie sie diese Figur für sich vereinnahmen. Das ist manchmal schon etwas seltsam. Eigentlich sind solche Reaktionen für einen Schauspieler ja fast ein Kompliment, denn es heißt, daß man seine Rolle gut spielt. In Freiburg hat mir auch einmal eine ältere Dame mit dem Schirm gedroht. ‚Du Sauhund', hat sie geschimpft, ‚jetzt kann ich dich grad mal packe. Jetzt hab ich dich erwischt. Was du da treibsch ...'. Das kommt als Meinungsäußerung zwar ein bißchen arg derb daher, aber damit muß ich leben. Das gehört mit zu meinem Job."

Zu seinem Job gehört auch die Wandlungsfähigkeit. Der Mann, der uns in der Baden-Badener Theaterkantine gegenüber sitzt, hat wenig Ähnlichkeit mit dem hinterhältigen Sägewerksbesitzer Franz Faller. Marcus steht gerade in Dürrenmatts „Physikern" auf der Bühne, und statt Jägerhut und Lodenjacke trägt er Anzug und Trenchcoat im Stil der sechziger Jahre. Trotz vieler Auftritte im Fernsehen – er war unter anderem in der „Schwarzwaldklinik", in „Großstadtrevier" und im „Tatort" zu sehen, bevor er zu den „Fallers" kam –, ist er dem Theater immer treu geblieben. Er stand in „Geschlossene Gesellschaft" von Sartre auf der Bühne und in Schillers „Minna von Barnhelm", in „Der Theatermacher" von Thomas Bernhard, der zu seinen liebsten Theaterautoren zählt, und bei Shakespeare im „Sommernachtstraum". Begonnen hat Marcus' Theaterkarriere 1966 mit der Ausbildung am Max-Reinhard-Seminar in Wien. Engagements in verschiedenen Städten folgten – in Lübeck allein war er 16 Jahre lang am Theater –, bevor er 1990 nach Baden-Baden kam. Eigentlich verlangte der Familienwille, daß Edgar M. Marcus Jura studieren sollte. Sein Vater hatte eine Fabrik im baden-württembergischen Tailfingen, und Sohn Edgar war eigentlich dazu ausersehen, den Betrieb zu übernehmen. „Ich habe aber schon ziemlich früh entschieden, daß ich auf keinen Fall in die Fußstapfen meines Vaters treten wollte. Ich war in Salem im Internat, und dort habe ich in der Schultheatertruppe mitgespielt. Für mich stand ganz schnell fest, daß ich unbedingt Schauspieler werden wollte. Das ging natürlich nicht so einfach und ohne Kampf ab, und meine Eltern haben verlangt, daß ich zuerst eine ‚richtige' Ausbildung machen sollte, wenn ich schon kein Jurastudium anfangen wollte. Ich habe dann in Köln eine Lehre als Fotograf gemacht. Die Arbeit hat mir großen Spaß gemacht, aber meine Liebe zum Theater war größer. Sobald es ging, bin ich dann auf die Schauspielschule."

Daß bei den „Fallers" so viele Theaterleute mitspielen, ist kein Zufall. Der Produzent der Serie wollte für die „Bauernsaga" einerseits Darsteller, deren Gesichter noch nicht so „verbraucht", also nicht so bekannt waren. Andererseits sollten seine Schauspieler über genügend Erfahrung und Können verfügen, also echte Profis sein. Bei solchen Ansprüchen ist es gar nicht so einfach, die „richtige" Besetzung zu finden, und es hat auch ziemlich lange gedauert, bis auch die anderen Darsteller gefunden waren und die „Faller"-Familie beisammen war. Daß man bei der Auswahl der Schauspieler so sorgfältig vorgegangen war, macht für Edgar M. Marcus einen großen Teil der Qualität der Serie aus, ebenso wichtig sind die Professionalität und die Genauigkeit, mit der jede Folge produziert wird. Schließlich lebt eine Heimatserie davon, daß sich das Publikum in ihr wiederfindet.

Der Franz steht bei den „Fallers" immer ein bißchen außerhalb. Die meiste Zeit geht er seinem Job als Sägewerksbesitzer nach, und der spielt sich halt nicht auf dem Fallerhof ab. Marcus hätte nichts dagegen, wenn seine Figur etwas mehr Präsenz zeigen und man ihn mehr in den familiären Alltag einbinden würde. Zumindest zu seinem Film-Vater Lukas Ammann hat er eine ganz besonders gute Beziehung. „Als die Serie zusammengestellt wurde, hatte ich das Glück, daß ich bei der allerersten Probe gleich mit Lukas Ammann spielen mußte. Ich war natürlich ein bißchen nervös, und wir hatten zusammen ein Szene als Vater und Sohn. Da habe ich sofort gemerkt: das funktioniert. Lukas

Es sieht ganz so aus, als ob Wilhelm seinem zweiten Sohn mal wieder ernsthaft den Kopf zurechtrücken müßte!

hat mir später gesagt, daß es bei ihm genauso war. Er war auch ein bißchen aufgeregt und hatte Bammel davor, wen er als Sohn bekommen würde. Das muß ja alles zusammenpassen. Es gibt Kollegen, mit denen liegt man einfach nicht auf einer Wellenlänge, und es gibt andere, da beflügelt man sich gegenseitig regelrecht. Bei Lukas und mir war letzteres der Fall. Wir verstehen uns wirklich gut, privat und beim Drehen, das macht das Leben am Set leichter. Wenn man diese eine Wellenlänge hat, weiß man viel eher, wie der andere reagiert, man kann auch ein bißchen improvisieren, wenn es das Drehbuch zuläßt. Man sagt uns sogar eine gewisse äußere Ähnlichkeit nach."

Und der ganz private Edgar M. Marcus? Der ist mit der Schauspielerin Sabine Hennemann verheiratet. Sie ist, genau wie er, sowohl im Fernsehen als auch auf der Bühne zu Hause, und das schon seit ihrem sechzehnten Lebensjahr. Zur Zeit tritt sie etwas kürzer mit dem Drehen, aus privaten Gründen und eher notgedrungen. Es glückt eben nicht immer bei zwei Schauspielern, daß sie am selben Ort ihre Engagements haben. Einer, sagt Marcus, muß immer zurückstecken. Daß beide abwechselnd dazu bereit sind, ist das Entscheidende. Ganz nebenbei: einen kleinen Auftritt hatte Sabine Hennemann bei den „Fallers" bereits ...

Wenn Marcus Zeit hat, fotografiert er sehr gern, vor allem Portraits in Schwarz-Weiß − ein Hobby, das ihm noch von seiner Ausbildung als Fotograf übrig geblieben ist. Lesen ist eine weitere Freizeitbeschäftigung. Bei den Romanautoren steht neben Marcel Proust Thomas Mann ganz oben auf

Franz, das schwarze Schaf der Familie.

der persönlichen Bestseller-Liste. Auf der persönlichen Lieblings-Beschäftigungs-Liste steht an erster Stelle das Klettern, ganz profimäßig mit Seil und Haken. Seit Jahren zieht es ihn immer wieder ins Engadin. Dort, hoch oben in den Bergen, ist es ruhig und man ist nah an der Natur und weit weg von allem andern, wenigstens für kurze Zeit, aber das reicht auch. Sonst verliefe das Leben ein klein wenig zu ruhig. Derzeit liebäugelt Marcus wieder mit der Großstadt, was nach vielen Jahren im beschaulichen Baden-Baden durchaus nachvollziehbar ist. Aber die „Fallers" dafür aufgeben? Das käme ihm momentan nicht in den Sinn. Dafür ist ihm die Rolle des Bösewichts viel zu sehr ans Herz gewachsen. Und dann ist ja da auch noch diese ganz besondere Herausforderung, daß er als gebürtiger Konstanzer sozusagen an einem Stück eigener Heimatkunde mitarbeiten kann. „Ich bin ein echter ‚Seehas', der alemannische Dialekt ist die Sprache meiner Kindheit. Daß ich jetzt in einer Serie mitmache, die in meinem heimatlichen ‚Kulturraum' spielt, ist für mich eine ganz tolle Sache. Ich finde die Serie auch für unsere Region Baden-Württemberg unheimlich wichtig. Inzwischen sind die ‚Fallers' sogar im schwäbischen Teil des Ländles akzeptiert. Am Anfang gab es riesige Vorbehalte. Die württembergischen Zuschauer fanden die ‚badische' Serie gar nicht lustig und wollten ihre ‚eigene' haben. Meine Vorfahren kommen von der Schwäbischen Alb, und ich kenne die ganzen ‚Kriegszustände' zwischen Badenern und Schwaben. Vielleicht wirken die ‚Fallers' ja in dieser Hinsicht ein bißchen friedenstiftend." Schön wär's.

Daß der Franz selbst irgendwann mal geläutert wird und sich zu einer sanften und friedfertigen Figur entwickelt, steht kaum zu befürchten. Schließlich ist er derjenige, der bei den „Fallers" das ist, was J. R. Ewing in „Dallas" war. Er wird auch weiterhin für Ärger und Spannung in der Familie sorgen. Und das ist auch gut so. Hand aufs Herz: Ein ordentlicher Krach ist allemal interessanter als immer nur heile Welt. Zumindest auf der Mattscheibe.

Trau', schau' wem!

Weitere Bücher zu den „Fallers"

96 Seiten, s/w illustriert, gebunden, DM 29,80, SFr 27,50, ÖS 218,–, ISBN 3-7650-8197-3

Die Lebenserinnerungen von Wilhelm, dem Großvater der Südwestrundfunk-Fernsehserie „Die Fallers". Der Autor Roland Lang ist in die Haut der Fernsehfigur geschlüpft und erzählt die spannende und unverwechselbare Biografie eines Schwarzwälder Bauern.

Das Kochbuch mit den besten Rezepten der traditionellen Schwarzwälder Küche. Es enthält außerdem die privaten Lieblingsrezepte der „Fallers" und eine Auswahl empfehlenswerter Schwarzwälder Landgasthöfe.

96 Seiten, 40 Farbabbildungen, gebunden, DM 29,80, SFr 27,50, ÖS 218,–, ISBN 3-7650-8185-X

96 Seiten, 40 Farbabbildungen, gebunden, DM 29,80, SFr 27,50, ÖS 218,–, ISBN 3-7650-8176-0

Hier finden Sie die schönsten traditionellen Backrezepte aus dem Hochschwarzwald. Außerdem die Lieblings-Backrezepte der „Fallers" und eine kleine Auswahl empfehlenswerter Cafés und Bäckereien im Schwarzwald.

96 Seiten, 61 Farbabbildungen, gebunden, DM 29,80, SFr 27,50, ÖS 218,–, ISBN 3-7650-8206-6

Dieser praktische Ratgeber lädt Sie ein, altes bäuerliches Wissen aus dem Schwarzwald heute zu nutzen. Die „Fallers" geben konkrete Tips, Ratschläge und Rezepte für die Vorratshaltung von Lebensmitteln, den Umgang mit Gartengemüse, Kräutern, Beeren und Blumen.

210 Seiten, 30 illustrierte Touren, mit ausklappbarer Karte und Wanderskizzen, Broschur, DM 19,80, SFr 19,–, ÖS 145,–, ISBN 3-7650-8212-0

Entdecken Sie mit diesem Wanderführer den Mittleren Schwarzwald – die Heimat der „Fallers"! 30 Rundwanderungen bringen Sie zu den bedeutendsten Punkten eines Gebiets, zu Quellen, Burgen und Wasserfällen, zu mächtigen Bäumen, Felsen und Höfen, durch Schluchten, Wälder und Felsenmeere.

G. BRAUN BUCHVERLAG
Karl-Friedrich-Straße 14 – 18 · 76133 Karlsruhe
Tel. 07 21 / 165-195 · Fax 07 21 / 165-855
www.gbraun.de · e-mail: buchverlag@gbraun.de